연기와 공 그리고 무상과 무아

연기와 공 그리고 무상과 무아

| 현대철학의 관점으로 붓다의 가르침을 이해하다 |

홍창성 지음

운주사

법보종찰 해인사 승가대학에 이 책을 헌정합니다.

들어가면서

붓다가 성도成道 당시 음미하고 있던 진리가 연기緣起라고 전해진다. 바꾸어 말하면, 그의 성도가 연기의 이치에 대한 깨달음으로부터 비롯되었다는 뜻이다. 이후 전개된 붓다의 가르침 모두가 이 연기법에서 나왔다고 보아도 무리가 없다. 연기에 대한 이해는 우리를 자연스럽게 불법佛法에 대한 깊은 이해로 이끌어 준다.

붓다의 가르침은 시대와 장소에 따라 알맞게 해석되어 왔다. 21세기를 살아가고 있는 우리에게도 현대의 학문과 방법론으로 불법을 다시금 진지하게 토론하고 재해석할 의무가 있다. 나는 이 책에서 연기법과 그것으로부터 파생된 가르침인 공空, 무상無常, 그리고 무아無我의 진리를 현대분석철학의 관점에서 조명하고 집중적으로 논의하면서 우리가 붓다의 가르침을 현대적으로 이해하는 데 작은 몫을 더하려 시도했다.

이 책의 내용을 간략히 소개하겠다.

연기란 모든 사물이 조건에 의해 생성·지속·소멸한다는 붓다의 통찰이다. 물질계와 의식계에 있는 모든 것은 조건에 의해 생멸한다. 만물 가운데 어떤 것도 연기의 그물 밖에서 존재할 수 없다. 조건에 의지하지 않고 존재하며 영원 불변불멸한다는 서양종교의 절대신이나 영혼, 바라문교의 브라만이나 아뜨만, 그리고 한국 불교계 일부에서 주장하는 참나는 연기법에 어긋나기 때문에 불교에서는 그 존재를 인정하지 않는다.

어떤 것도 다른 것에 의존하지 않고 스스로 존재하지 못한다. 이 세상에 자재自在하는 실체實體는 없다. 스스로 존재하지 못하기 때문에 아무것도 스스로의 본성을 가질 수 없다. 만물은 자성自性을 결여하여 공空하다. 연기하기 때문에 자재하지 못하고, 자성을 가지지도 않는다. 다시 말해, 만물은 연기하고, 연기하는 것은 공하다. 연기가 공이다.

모든 사물은 쉼 없이 이합집산離合集散하는 조건에 의존해 생멸한다. 그러다 보니 아무것도 그대로 머물러 있을 수 없어 끊임없이 변할 수밖에 없다. 만물은 연기하고, 연기하는 것은 모두 무상無常하다. 절대신이나 브라만, 그리고 영혼이나 아뜨만은 영원 불변불멸한다고들 주장하는데, 만약 이렇게 무상하지 않은 것들이 있다면 그것들이 연기하지 않기 때문이다. 그러나 연기법을 근간으로 하는 불교는 그런 것들의 존재를 부정한다.

우리 모두는 색수상행식色受想行識의 오온五蘊을 조건으로 잠시 모여 이루어진 묶음에 불과하다. 이런 조건에 의존하기 때문에 자재하는 실체가 될 수 없고, 변함없는 자성을 가질 수도 없어 공하다. 자성을 가진 실체로서의 나, 즉 아뜨만은 존재하지 않는다. 그래서 붓다의 가르침인 무아無我가 진리다. 연기와 공 그리고 무상과 무아의 진리는 모두 유기적으로 연결되어 있다.

이 책은 2018년 가을부터 2019년 겨울까지 『월간 불교문화』에 연재한 15편의 에세이를 다시 다듬고 편집해 완성했다. 수록된 글들은 내가 나름대로 작은 소명의식을 가지고 한국 불교 철학계에 어떤 새로운 시도를 보여줄 의도로 쓴 것들이다. 불교를 현대철학적 관점에서 접근해 보려는 독자들에게 도움이 되기를 희망한다.

철학적으로 진지한 논의를 위한 연재를 지원하고 격려해 주신 대한불교진흥원의 고영인 부장님께 감사드린다. 이 글들이 연재되는 동안 좋은 댓글로 도와주신 익명의 독자들과 페이스북 친구들께도 고마움을 전한다. 그리고 원고를 기꺼이 받아주고 출판을 허락하신 운주사 김시열 대표님께 거듭 감사드린다.

마지막으로, 이 책의 원고를 여러 차례 읽으며 언제나 섬세하고 날카로운 비평을 아끼지 않은 나의 벗 유선경 교수에게 감사의 말을 전한다.

2020년 가을 미국 미네소타에서

홍창성 합장

3장 인과와 관계 • 67

6장 무아 • 173

––––––

1장

불교의 현대적 이해

불교는 약 25세기 전 붓다가 설파한 깨달음과 열반 그리고 자비의 가르침으로 그 여정을 시작했다. 붓다의 가르침은 오랜 세월 동안 시대와 장소에 따라 다양하게 해석되고 이해됐으며 또 새로운 모습의 가르침으로 출현하는 진화의 과정을 거쳐 왔다. 불교의 기본 성전이 되는 삼장三藏(*Tripiṭaka*)은 한번 완성되어 더할 수도 뺄 수도 없는 닫힌 체계가 아니다. 불교는 기존 삼장에 새로운 문헌이 추가될 수 있는 열린 체계를 가지고 있다. 성전뿐 아니라 승가의 교육법과 수행방식 그리고 대중교화 체계 등에 이르기까지 불교는 그 고유의 열린 태도로 풍부한 내용을 더해 왔다.

붓다의 가르침은 전파되는 장소에 따라 새로 적응하고 변화하며 끊임없이 진화하는 생명력을 보여 왔다. 우리도 우리 시대의 문화에 맞도록 불교를 새로이 해석하고 이해하며 또 실천하는 것이 자연스럽겠다. 지구촌 전체가 촘촘히 연결되어 있는 오늘날 불교를 우리 시대에 맞도록 받아들이려면 무엇을 어떻게 해야 할까? 불교를 현대적으로 이해하며 진화하게 한다는 것은 구체적으로 무엇을 의미할까?

'현대적'이라는 말에는 다양한 의미가 있지만, 현대가 과학기술이 극도로 발달한 시대라는 점에는 이론의 여지가 없다. 우리 시대에는 수학을 바탕으로 하는 자연과학과 공학이 가진 실증주의의 강점과 논리적이고 합리적인 사고가 가진 장점이 보편적으로 받아들여지고 있다. 또 합리적 판단을 방해하는 권위주의도 쇠퇴일로에 있어서, 이제 대다수 현대인은 따져 보아 이치에 맞지 않는 주장에는 관심도 없다. 한편 정보통신 분야의 발달로 모든 곳이 인터넷으로 연결되어 우리는 서로 수많은 정보를 순간순간 교환하고 있다. 현대인의 사고는 어떤 특정 문화에서만 이해될 수 있는 방식을 넘어서 전 세계적으로 보편성을 띨 수 있는 형태로 진화해 나가고 있다.

나는 불교의 현대적 해석과 이해도 전 세계 모든 사람이 이치에 맞는다고 판단할 수 있는 방식으로 이루어져야 한다고 생각한다. 제한된 지역에서 특정한 역사적 배경을 공유하는 사람들끼리만 이해할 수 있는 방식으로는 보편성을 추구하는 현대인에게 붓다의 가르침을 전하기 어렵기 때문이다. 그래서 나는 불교 전통에 익숙한 아시아인뿐만 아니라 서구인에게도 이해될 수 있는 용어와 표현 그리고 논증방식으로 이 책의 논의를 진행했다. 이러한 해석이 불교를 현대적으로 이해하는 자연스러운 방식이라고 믿는다.*

비교와 융합

우리가 불교를 보편적으로 이해하기 위해서는 먼저 불교와 다양한 종교 및 철학 이론을 비교하면서 이들 사이에 존재할지도 모르는 어떤 공통점을 추출해 그것을 이용하는 길이 쉽고 빠를 것 같아 보인다. 인문학 등에서 말하는 비교 연구가 이렇게 여러 학문을 비교하여 그들 사이의 공통점을 찾아내어 진리 추구 과정의 보편성을 강조하는 방향으로 이루어진다. 만약 이런 공통점이 발견되고 또 그 공통적 관점에서 불교가 해석된다면 이

---

* 엄밀히 말해 본고는 불교 교학과 참선, 전법과 대중교화 등을 포함하는 포괄적인 의미에서의 불교가 아니라 그 주제를 좁혀 불교 교리에 대한 현대철학적 분석과 이해를 논의한다.

것이 불교의 현대적 이해를 가능하게 하는 지름길이 될 것이다. 그러나 일견 설득력 있어 보이는 이런 연구 방법은 철학적으로 많은 문제를 가지고 있다.

두 사물을 비교한다는 것은 둘 사이에 닮은 점을 찾는다는 것인데, 이 닮음이라는 개념 자체가 문제투성이다. 우리는 이 둘에 공통점이 전혀 없다면 처음부터 닮은 점을 찾으려고 시도하지도 않을 것이다. 한편 시공時空의 좌표까지도 포함해 이 둘이 가진 모든 속성이 같다면 이 둘은 실제로는 하나인 동일한 대상일 수밖에 없을 테니 닮은 점을 찾는 비교는 의미가 없다. 즉 비교연구가 가능한 두 사물에 닮은 점이 있다는 것은 곧 그 둘에 닮지 않은 점이 있다는 점을 함축한다. 한편 그 반대로 그 두 사물이 닮지 않았다는 것은 논리적으로 그 둘이 닮았다는 이야기도 된다. 이와 같이 엉뚱한 결론을 도출하는 논의를 철학에서는 패러독스라고 하고, 나는 이 문제를 '닮음의 패러독스'라고 명명해 보았다.[*]

비교 또는 닮음의 패러독스는 본질적으로 닮음에 고정된 객관적 기준이 없다는 문제와 관련되어 있다. 예를 들어 트럼프

---

[*] 비교 또는 닮음의 패러독스는 나의 논문 「깨달음의 패러독스와 사적언어논증」에서 다룬 적이 있다.(『불교학보』 제62편, 2012, pp.130-131)

와 김정은은 보는 관점에 따라 닮기도 하고 다르기도 하다. 두 사람 모두 현재 각각의 국가 행정수반이고 남자이며 핵미사일을 발사할 버튼을 가지고 있다는 점에서 닮았다. 그러나 트럼프는 백인이고 북아메리카에 거주하며 부동산 사업가였지만 이 세 가지 사항은 김정은에게는 하나도 해당되지 않는다. 이 많은 비교의 기준 가운데 어느 것이 절대적으로 옳은 기준인지 알 수 없다. 닮음에는 절대적이고 객관적 기준이 존재하지 않는다.

한편 비교연구의 학문적 가치에 대해 회의하는 사람이 많다. '멀리서 보면 모든 사람이 닮았다'는 말이 대변해 주듯이, 두루뭉술한 관점에서 보면 모든 이론이 다 비슷하기 마련이다. 예를 들어, 불교와 소립자물리학의 공통점을 비교하는 담론이 인기인데, 어떤 연구자들은 그들이 발견한 공통점이 불교가 소립자물리학만큼 위대하다는 점을 보여준다고 주장한다. 그러나 이런 비교연구는 그 학문성에 의문을 제기하는 비판자들이 던지는 다음의 두 질문에 답해야 한다. 그 비교연구가 보여주는 바가 (1) 불교가 소립자물리학과 양립 가능하다는 것인가, 아니면 (2) 불교가 소립자물리학을 포함한다는 것인가?

위의 둘 이외에 다른 선택지는 없어 보인다. 그런데 (1) 그 두 이론체계가 양립 가능하다는 점은 학문적으로는 극히 사소한 발견이다. 왜냐하면 소립자물리학은 불교뿐 아니라 도교道敎, 마르크스 변증법, 바이런의 시詩 등 그것과 논리적으로 모순되지 않은 모든 것과 양립 가능하기 때문이다. 그래서 양립 가능성 증명은 우리에게 새로이 해 주는 이야기가 별로 없다. 한편이 비교연구가 (2) 불교가 소립자물리학을 포함한다는 주장이라면 이것은 얼토당토않다. 만약 그것이 사실이라면 물리학자들은 불교의 이론을 논리적으로 분석하기만 해도 소립자물리학을 완성할 수 있을 것인데, 이것은 전혀 터무니없기 때문이다. 그래서 대다수 철학자들은 비교연구의 학문적 가치에 대해 회의한다.*

내가 선호하는 연구 방식은 비교가 아니라 융합이다. 비교연구는 이론들이 단지 서로 비교가 잘 된다는 사실에 만족할 뿐인 경우가 많지만, 융합으로 진행되는 연구는 다른 결과를 낳는다. 서로 다른 두 개 이상의 이론이 가진 장점을 모아 각각의 이론이 가진 문제점을 보완하고 또 서로 더 큰 설명력을 가지는 이론으로 발전시켜 나가는 일은 단순 비교가 아니라 진정한

* 이와 관련된 추가 논의를 위해서는 내가 2015년 12월에 「미디어 붓다」에 발표한 「불교와 다른 학문의 비교논의에 대한 비판적 고찰」을 참고하기 바란다.

융합을 통해서만 가능하다. 예를 들어, 현대 서양철학에서 불교의 무아론이 서양의 자아론을 넘어서는 새로운 대안으로 떠오르고 있는데, 이는 무아론이 서양에서도 그 보편적 타당성을 인정받았기 때문에 가능한 일이다. 이는 두 전통의 단순 비교를 통해 생긴 것이 아니라 서양 철학자들이 자아의 존재에 대한 치열한 논쟁 끝에 불교의 무아론이 가진 장점을 받아들여 나타나게 된 현상이다. 한편, 현대 서양철학의 인과론이 가진 다양한 관점과 정교하고 엄밀한 논의가 불교의 연기론을 이해하는 데 많은 도움을 줄 수 있다. 그리고 최근 서양 분석철학에서 논의되고 있는 관계론도 대승에서 발전시킨 '비非인과적 관계'로서의 연기에 대한 해석과 그 이해를 더 깊게 해 줄 것이다.

불교를 현대적으로 이해한다는 것이 단지 불교와 현대철학 및 타종교가 가진 공통점을 비교하여 그 공통점의 관점에서 불교를 이해한다는 것은 아니어야 하겠다. 그것은 불교와 다른 이론 체계가 각자 가진 장점을 서로 도입하여 각각의 이론을 더 잘 이해하고 또 각자가 가진 문제를 더 잘 해결하게 하는 융합의 과정을 통해 이루어져야 할 것이다. 우리는 합리적인 사고로 이런 장점을 가려내고 그것이 보편적으로 이치에 맞는다는 점을 비판적 논의를 통해 확인해야 한다. 나는 이렇게 도입된 장점을 통해 불교를 새롭게 해석하고 그 이해를 더 넓고 깊게 하며 기존의 문제를 더 잘 해결해 나가는 것이 불교에 대한 현대적 이해의 과정이라고 생각한다.

공부하는 방법

합리적이고 비판적으로 사고하며 보편적 지식과 이해를 추구하는 현대인은 불교 교리를 어떻게 공부해야 할까? 다른 모든 분야와 마찬가지로 불교도 가능하면 주제의 수를 줄이고 주제의 폭도 좁히면서 그 대신 깊게 파고 들어가는 방식으로 공부해야 한다. 주제의 수는 적을수록 좋다. 우리가 공부하는 시간과 읽을 수 있는 글의 분량은 한정되어 있기 때문에, 만약 여러 주제를 다룬다면 어느 한 주제도 제대로 집중할 수 없고 백과사전 읽듯이 피상적인 지식을 열람하는 정도 밖에는 못한다. 이것은 오늘날과 같이 언제 어디서나 인터넷으로 여러 종류의 백과사전을 접할 수 있는 시대에는 특별히 공부라고 할 것도 없는 공부법이다. 우리는 공부의 넓이보다는 깊이가 훨씬 더 중요한 시대에 살고 있다는 점을 기억해야 한다.

주제의 수를 줄여 하나나 둘로 만들더라도, 그 주제가 처음부터 너무 크거나 추상적이라면 효율적인 공부에 도움이 되지 못한다. 예를 들어 불교에 입문한 초심자가 불교가 깨달음의 종교라고 해서 아무 준비도 없이 깨달음이 무엇인가를 직접 공부하려든다면, 비록 헤아리지 못하는 이 단어가 그에게 어떤 신비감을 불러일으킬 수는 있겠지만, 처음부터 너무 큰 주제를 짊어지려는 공부는 그 무게에 눌려 몇 걸음도 나아가지 못할 것이다. 이런 초심자는 공부에 곧 지치게 된다.

나는 불자라면 깨달음의 핵심이라고 할 수 있는 연기緣起부터 이론적으로 공부해야 한다고 생각한다. 붓다의 연기법이 처음에 12지연기와 연관되어 어떻게 이해되었는지, 연기를 인과로 이해해야 하는지, 연기가 인과라면 어떤 종류의 인과인지, 또 대승과 같이 연기를 비인과적인 관계로까지 확대해서 이해하는 것이 적절한지에 대한 논의도 하나씩 접해 보아야 한다. 우리는 상대적으로 범위가 좁은 주제로 불교 공부를 시작해야 하며, 그 좁은 주제도 가능하면 더 잘게 쪼개어야 하고, 그 쪼개진 주제 하나하나도 여러 각도에서 논의하며 공부해야 한다. 그래야 연기에 대한 제대로 된 현대적 이해가 가능하다.

하나의 주제를 깊이 공부하고 논의한 경험을 가지게 되면 그렇게 형성된 능력을 바탕으로 다른 주제도 마찬가지로 깊이 공부하고 이해하며 관련된 논의를 스스로 전개할 수 있다. 다양한 주제를 피상적으로 다루기만 한다면 결코 어떤 한 주제에 대해서도 깊은 이해를 가질 수 없고, 따라서 진리의 길에 더 다가갈 수 있는 논의를 전개할 능력도 기를 수 없다. 그러면 우리가 구체적으로 어떻게 공부해야 특정 주제에 대한 깊은 이해가 가능하게 될까? 학자들은 어떤 과정을 거쳐 그들의 연구에 깊이를 더해 갈까? 불교 초심자도 쉽게 활용할 수 있는 좋은 공부 방법은 없을까?

심도 있는 공부를 위해 가장 중요한 것은 여러 다른 각도에서 주어진 주제에 대한 설명을 살펴보며 이러한 설명에 대한 반론의 가능성을 염두에 두고 공부를 진행하는 것이다. 예를 들어, 붓다의 연기에 대한 가르침을 시간적 선후先後관계를 바탕으로 한 인과에 대한 설명으로 받아들여 이해한다고 가정해 보자. 이때 우리는 먼저 인과가 무엇인가에 대해 여러 가능한 설명을 고려해 보아야 한다. 그리고는 인과에서 원인이 반드시 결과보다 시간적으로 앞서야만 하는가도 검토해야 한다. 동시적 인과(simultaneous causation)는 불가능할까? 또 양자역학에서 결과가 원인보다 시간적으로 앞서는 경우라는 후행적 인과(backward causation)의 문제는 어떻게 받아들여야 하는가? 만약 연기를 과거에서 미래로 한쪽 방향으로 진행되는 인과로만 본다면, 이와 같은 반론 때문에 우리가 결국 붓다의 연기법을 포기해야 하는 것은 아닐까?

위의 문제를 해결하고 연기의 가르침을 살리기 위해 시간의 방향과는 상관없이 존재하는 인과가 연기라고 주장할 수도 있겠다. 그러나 문제는 여기서 그치지 않는다. 대승에서는 인과는 아니지만 연기의 관계에 있다고 보는 다른 종류의 관계도 논하고 있기 때문이다. 화엄의 법계연기까지 논하지 않더라도 실제로 좌우左右, 상하上下, 남녀男女, 부부夫婦, 사제師弟 등 많은 관계를 연기의 개념으로 이해할 수 있다.

위와 같이 기존의 설명 또는 주장에 대한 반론을 고려해 보고, 그 다음에는 이런 반론들에 대한 재반박도 생각해 보면서 원래의 주장을 다시 어떻게 평가해야 하는가를 계속 검토해 보아야 한다. 이와 같이 제대로 된 공부와 연구는 토론이 진행되고 반대가 허용되며 또 재반박이 진행되는 논쟁의 형식을 띠게 되기 마련이다. 이런 논의 과정을 통해 특정 주제를 점점 더 깊이 이해하게 되고 우리는 진리에 더 다가가게 된다. 그리고 이런 과정을 거쳐야만 합리적인 사고를 하는 세계의 모든 사람들에게 붓다의 가르침을 이치에 맞는 현대적 방식으로 전달할 수 있다고 생각한다. 공부와 논의는 분리될 수 없다.

논의의 내용

나는 붓다의 성도를 가능케 한 내용이자 불법의 핵심인 연기를 이해하면서 불교 공부를 시작해야 한다고 생각한다. 그런데 연기와 관련된 현대적 논의는 접하기 쉽지 않아 보이기 때문에,

나는 이 책에서 현대철학의 관점에서 연기의 개념을 분석하며 새로운 이해를 제시해 보았다. 더 나아가 연기의 이해로부터 도출되는 불교의 주요 교리도 연기의 시각에서 논의했다. 연기의 개념이 대승에서 진화한 형태인 공空을 살펴보았고, 요즘 서양철학계에서 많이 주목받는 붓다의 무아의 가르침도 연기의 통찰로부터 비롯됨을 보였다. 그래서 이 책은 연기와 공 그리고 무상과 무아를 연기의 시각에서 현대적으로 조명하는 집중적 논의로 이루어져 있다.

2장

연기란 무엇인가

석가모니 성도成道의 중심이고 불법의 근간을 이루는 연기에 대한 가르침은 마치 수학이나 논리학의 공리(axiom)나 자연과학의 가설과 같아서 이해하기 쉬운 듯해도 실제로 논의하기는 까다롭다. 공리나 가설로부터 이론적으로 도출된 구체적인 결과의 진위를 가리기는 상대적으로 쉽지만, 이 이론적 결과의 근원 자체를 직관적으로 파악하기는 쉽지 않기 때문이다. 나는 이 장章에서 붓다의 연기에 대한 가르침을 개념적으로 분석하고, 그 논리적 구조를 파악하며, 이 가르침의 타당성을 비판적으로 검토해 나가려 한다. 본격적인 논의에 앞서 연기의 이해를 위한 이론적 기초를 살펴보겠다.

일상에서 경험하는 인과와 연기

연기란 '모든 것이 조건에 의해 생성·지속·소멸한다'는 붓다의 가르침이다. 일견 추상적인 이 내용은 우리가 일상에서 경험하는 인과의 사례를 고려하면 쉽게 이해된다. 17세기 영국 철학자 베이컨은 자연세계에 존재하는 법칙을 다음과 같이 찾아내자고 제안한다.

• 존재표(table of presence): 눈에 소금을 뿌리면 눈이 녹는다.
• 부재표(table of absence): 눈에 소금을 뿌리지 않으면 눈이 녹지 않는다.
• 비교표(table of comparison): 눈에 소금을 더 뿌리면 눈이 더 녹는다.

우리는 이 세 표를 통해 소금을 뿌리는 것이 원인이 되어 눈이 녹는 결과를 가져온다는 자연 속에 숨은 법칙을 발견할 수 있다. 실제로 우리는 겨울에 도로에 쌓인 눈을 녹이려고 소금을 뿌린다.

베이컨의 방법론은 붓다의 연기에 대한 설명과 비슷하다.*

---

* 밑에서 곧 살펴보겠지만 그것은 다음과 같다: 이것이 있을 때 저것이 있

조건이 모였을 때 결과가 나타나고 조건이 모이지 않았을 때는 그 결과가 나타나지 않는다면, 이때 조건과 그 결과는 인과의 사례라고 보는 것이 우리 일상의 경험이다. 서양철학에서는 전통적으로 다음의 둘을 인과의 특징으로 받아들인다.

(1) 원인이 결과보다 시간적으로 앞선다.
(2) 원인과 결과 사이에는 중간 단계들이 있다.

성냥을 그으면 불이 붙는데, 이 두 사건 사이에는 많은 단계가 있다. 불이 조금 피다가 점점 더 크게 피어오른다. 브루투스가 시저를 칼로 찌른 후 시저가 피를 계속 흘리다가 얼마 후 사망했다. 우리는 이와 같이 원인과 결과 사이에는 시간적 간격이 있고, 또 그 간격에는 무수히 많은 중간 단계가 있다고 믿고 있다.

그런데 20세기 이후 물리학에서 전통적인 인과에 대한 해석과 어긋나는 현상이 보고되기 시작했다. 먼저 후행인과의 가능성이 있다. 일군의 연구자들이 양자얽힘(quantum entanglement)

으며, 이것이 생겨나므로 저것이 생겨난다. 이것이 없을 때 저것이 없으며, 이것이 소멸하므로 저것이 소멸한다.

상태로 연결되어 있는 입자 쌍의 행동을 관찰하는 실험을 고안했다.* 이 실험은 이 두 입자 가운데 하나가 다른 것보다 8나노세컨드 먼저 관측되도록 진행되었는데, 놀랍게도 이 입자가 행동하는 방식이 그것의 짝이 8나노세컨드 후에 어떻게 관측되느냐에 의해 결정된다고 보여주는 것 같았다. 이 실험을 해석하는 다양한 방법이 있어서 이 실험결과가 결정적으로 후행인과의 존재를 보여준다고 볼 수는 없다. 그렇지만 소립자의 세계에서는 연결된 현상들 사이에 무엇이 원인이고 무엇이 결과인가를 결정하기 곤란한 경우가 있어서, 원인이 결과보다 시간적으로 앞선다는 전통적 견해가 도전받고 있다.

원인과 결과가 동시에 성립하는 동시同時인과의 가능성도 제기되어 왔다. 이 우주 어느 곳에 두 개의 태양이 동일한 거리를 유지하면서 서로 마주보며 돌고 있다고 가정해 보자. 반론의 여지가 있지만, 이때 두 태양 사이에 존재하는 인력과 도는 힘 그리고 척력과 도는 힘 사이에는 원인과 결과가 동시에 존재한다고 해석할 수 있다. 동시인과에는 시간적 간격이 없기 때문에 중간 단계도 있을 수 없다.

---

* Kim, Y-H. *et al.*, 2000, "A Delayed Choice Quantum Eraser", *Physical Review Letters*, 84: 1 – 5.

후행인과와 동시인과가 가능하더라도 이들은 전통적으로 이해되어 온 인과와는 다르다. 그렇다면 이들도 정말 인과일까? 이 질문에 답하려면 먼저 인과의 본질에 대한 정의나 인과를 판별할 수 있는 더 나은 기준이 필요하다. 그러나 서양철학에는 인과에 대해 합의된 정의나 기준이 없다.

연기

다음은 『상윳따니까야』에서 집중적으로 논의된 붓다의 연기에 대한 설명이다.

> 이것이 있을 때 저것이 있으며, 이것이 생겨나므로 저것이 생겨난다.
> 이것이 없을 때 저것이 없으며, 이것이 소멸하므로 저것이 소멸한다.

논리학이나 수학의 공리와도 같이 읽히는 이 문장은 쉬운 듯하면서도 알쏭달쏭하다. 이제 이 문장을 분석하며 검토해 보겠다.

이것과 저것

"이것"과 "저것"은 지시대명사로서 그 자체로는 아무 의미도 없고 단지 어떤 대상을 지시하는 기능을 가진다. 그러면 붓다의 설명에서 "이것"과 "저것"은 어떤 대상을 지시할까?

이 지시어들이 가리키는 대상은 보통 이 책상 위의 펜, 책, 갈색 의자, 소나무 등과 같은 구체적인 물체들이다. 그런데 서양에서는 전통적으로 물체는 여러 속성이 모여 만들어진다고 여겨졌다. "이것"과 "저것"은 이 의자의 갈색, 모양, 무게, 단단함 등 속성을 지시할 수도 있다.* 그리고 이런 속성을 묶어주는 기반으로서의 기체基體를 가리킬 수도 있다.** 한편 아기의 출생, 노인의 사망, 화재 발생, 다리 붕괴와 같이 변화를 보여주는 사건(event)과, 지혜로움, 자기장, 엔진의 기능과 같은 성향(disposition)을 지시할 수도 있다.

수數나 기학학적 도형과 같은 수학의 대상이나 사전 안에 가득한 단어와 같이 추상적 대상과 개념도 "이것"과 "저것"의 지시대상으로 포함된다. 위가 있을 때 아래가 있고, 왼쪽이 있을

---

* 아비달마학파에서는 이런 속성개별자(property particular, trope)를 다르마(法, dharma)라고 불렀다.

** 그러나 불교학파 대부분은 이런 기체의 존재를 드러내 놓고 인정하려 하지는 않는다.

때 오른쪽이 있으며, 남편이 있을 때 부인이 있으니까, "이것"과 "저것"은 이렇게 연관되어 있는 개념 또는 그것의 지시체를 가리키기도 한다. 이렇게 지시될 수 있는 대상이 무궁무진하다.

『니까야』에서 붓다는 12지 연기를 설명하면서 그것 하나하나를 "이것"과 "저것"으로 가리킨다. 12지연기는 무명無明(ignorance) － 행行(mental formation) － 식識(consciousness) － 명색名色(mind and body) － 6입六入(six senses) － 촉觸(contact) － 수受(sensation) － 애愛(craving) － 취取(attachment) － 유有(becoming) － 생生(birth) － 노사老死(old age and death)로 되어 있다. 여기서 "이것"과 "저것"은 명색에서 색과 같이 물체로서의 대상을, 행·촉·생·노사와 같은 변화와 관련된 사건을, 그리고 애나 취와 같은 성향 등 다양한 대상을 지칭하고 있다.

그런데 12지 연기에는 상하좌우나 동서남북 그리고 부부 등과 같이 논리적으로 연결되어 있는 개념들은 포함되지 않았다. 나중에 논의하겠지만, 대승 이후에 이런 개념들 사이의 관계도 연기로 받아들여진다.

원인과 조건

우리는 연기를 '모든 것이 조건에 의해 생성·지속·소멸한다'는 가르침으로 받아들이는데, 학자들은 이 조건을 원인(cause)

과 조건들(conditions)로 나누어 보며, 원인이 조건들과 구별되는 것으로 이해하기도 한다. 연기에 관한 논의를 더 진행하기 전에 원인과 조건을 어떻게 이해할지 살펴보기로 한다.

성냥을 그으면 불이 붙는다. 우리는 성냥을 긋는 행위가 원인이고 그것이 성냥에 불이 붙는 결과를 초래한다고 본다. 그러나 단지 성냥을 긋는 것이 아니라 다른 많은 조건이 충족되어야 불이 붙는다. 비가 오지 않아야 하고, 바람이 세게 불지 말아야 하며, 성냥과 그을 바닥이 건조해야 하고, 긋는 힘이 적절해야 하고, 주위에 산소가 충분해야 하며, 성냥을 긋는 사람의 마음이 변하지 말아야 하며, 연소(combustion)와 관련된 자연법칙이 그대로여야 하는 등 충족되어야 할 조건이 무수히 많다. 우리는 보통 이 나머지 조건이 모두 이미 충족되었다고 보고 마지막으로 성냥을 긋는 행위만 더해지면 불이 붙기 때문에 이 마지막 행위만을 원인이라고 부른다.

그런데 원인과 조건들 사이의 관계가 그리 단순하지는 않다. 밀폐되어 산소가 부족한 곳에서 성냥에 불을 붙이지 못하다가 산소가 공급되어 불이 붙는다면 이때는 산소 공급이 불의 원인으로 판단될 것이다. 젖은 성냥으로 계속 실패하다가 성냥이 말라서 불이 붙으면 성냥의 건조함이 원인이 된다. 또 바람이 심해 불을 붙이지 못하다가 바람을 막아 불을 붙이면 바람 막기가 원인으로 간주된다. 이런 사례들은 우리가 원인과 조건을 구별하면서 인과를 고찰하는 방식에 문제가 있음을 보여 준다. 경우에 따라, 또 보는 관점에 따라 여러 조건 가운데서 각각 다른 조건이 원인이 된다면, 원인과 조건의 관계는 고정불변하지 않다고 보아야 한다. 그래서 그때그때마다의 원인이란 결국 여러 조건의 하나일 뿐이라는 것인데, 그렇다면 우리가 굳이 원인과 조건을 구분해야 할 이유가 불분명해진다.

한편 20세기 후반 미국 철학자 데이빗슨은 그 수많은 조건이 무엇이든지 어떤 주어진 결과를 초래한 사건 전체를 원인으로 본다.* 브루투스가 시저를 칼로 찌른 행위가 시저 사망의 실제 원인이었다. 칼로 찌른 행위가 어떻게 기술되는가와 상관없이 그 행위는 동일한 원인이다. 그리고 특정 시간과 공간에서 한번 일어난 인과는 뒤바뀔 수 없다. 그래서 한번 성립된 인과를 뒤돌아보면서 '만약 이러저러한 조건이 달랐다면…'이라는 식으로 질문하는 것도 무의미하다. 인과를 이런 관점으로 조명한다면 원인과 조건을 나누는 것은 무의미하며, 인과에서는 오직 사건 전체로서의 원인만이 의미 있을 뿐이다.

---

* Donald Davidson, "Causal Relations", *Journal of Philosophy* 64: 691-703, 1967.

나는 데이빗슨의 견해에 대체로 동의하지만, 원인과 조건을 원인이라는 개념으로 통합하는 데는 찬성하지 않는다. 나는 곧 논의할 여러 이유로 원인보다는 조건이라는 개념을 선호한다. 그리고 "조건들"이라는 복수로 된 표현을 쓸 필요도 없이 모든 조건들이 모인 상태를 그저 "조건"이라는 단수로 표현하며 사용하기도 하겠다. 나는 연기를 단지 원인과 결과 사이의 관계뿐만 아니라 모든 다양한 종류의 조건에 따라 생멸하는 존재세계의 모습에 대한 포괄적인 표현으로 받아들인다. 내 입장은 연기를 단지 인과로 이해하는 것을 넘어 비인과적 관계(noncausal connections)까지도 포함해 포괄적으로 이해하는 대승과 더 가깝다.

인과와 연기

연기를 인과로 해석할 때 가장 먼저 직면하는 문제는 오직 사건만이 원인이나 결과가 될 수 있다는 현대철학의 거부할 수 없는 통찰이다. 동서양을 막론하고 이 문제에 대해 분명한 인식이 이루어진 것은 고작 지난 한 세기 정도다. 서양에서 아리스토텔레스의 네 가지 설명 유형에 대한 논의는 2천년 이상 네 원인(Four Causes)에 관한 논의라고 오해되기도 했다. 18세기의 데이비드 흄도 간혹 움직이는 당구공이 그것에 맞아 움직이게 된 다른 당구공의 원인이라고 표현하는데, 이 또한 부정확한 표현이다. 당구공 자체는 아무것의 원인이 될 수 없다. 그 대신 그것이 움직이다가 다른 당구공과 부딪쳐 생긴 충돌(사건)이 두 번째 당구공이 움직이는 원인이다. 아무 물체도 그 자체로는 원인이 될 수 없다.

내가 돌부리에 걸려 넘어질 때 돌부리 자체가 넘어진 원인이 아니라, 내가 우연히 돌부리에 걸린 사건이 내가 넘어진 원인이다. 이 논점을 직관적으로 파악하기 위해, 한번 어떤 물체가 그 스스로만으로 존재할 수 있는지 따져 보자. 시간과 공간 없이 그 물체만 존재할 수 있는가?―그럴 수 없다. 물체는 시간과 공간 안에서만 존재한다. 그런데 물체가 시공 안에 존재하는 상황은 이미 물체만 존재하는 상황이 아니라, 그 물체가 시간과 공간이 필수 구성요소인 어떤 상태(state) 또는 사건의* 일부로만 존재한다는 말이다. 단독으로 존재할 수도 없는 물체 그 자체로는 존재세계의 변화와 관련된 인과의 독립적 항項이 될 수 없다.

속성이나 성향도 그 자체만으로는 이 세상에 아무 변화도 가

---

* 현대 서양철학에서는 통상 상태(state)와 사건(event)을 합쳐서 넓은 의미의 사건으로 간주한다.

져올 수 없다. 흔히들 빨강이라는 색이 사람들에게 '위험하니 경계해야 한다'는 마음을 일으키게 하는 원인이라고 말하지만, 이 또한 오해하기 쉬운 표현일 뿐이다. 우리 마음에 일어나는 변화는 빨강이라는 추상적인 속성에 의해서 생긴 것이 아니라, 우리가 구체적인 빨강 표지판 등을 감각기관으로 경험한 사건이 우리 마음에 경계심이 일어나는 결과를 초래한 것이다. 즉 빨강이 아니라 빨강에 대한 감각적 경험(이라는 사건)이 그 원인이다. 한편, 수면제가 수면을 일으키는 성향이 있고 그 성향이 우리를 잠들게 하는 원인이라고들 말하지만, 추상적인 성향 그 자체는 이 세상에 아무 변화도 가져올 수 없다. 그런 성향을 가진 알약이나 주사를 우리 몸이 받아들이는 사건을 통해서만 수면이 유발될 수 있기 때문이다.

우리는 12지 연기에서 "이것"과 "저것"으로 가리켜지는 것은 사건뿐이 아니라 명색에서의 색과 같은 물체, 그리고 애나 취와 같은 성향도 포함된다는 점을 살펴보았다. 그런데 사건만이 원인이 될 수 있다면 물체나 성향은 어떻게 이해해야 할까? 우리는 이 문제와 관련해 이론적으로 다음의 둘 가운데 하나를 선택해야 할 것 같다. 첫째, 색, 애 그리고 취는 이것들이 포함된 사건을 지칭하는 약식표현이어서 이 12지 연기 모두는 각각 원인과 결과로서의 자격이 있다고 보는 것이다. 이는 이치에 어긋날 정도는 아니지만 꽤 동정적인 해석이다. 둘째, 우리는 이 12지 연기가 인과보다 더 포괄적인 개념으로서의 연기에 대한 것이기 때문에 처음부터 동정적으로 해석해 주지 않아도 아무 문제가 없다고 볼 수도 있다. 12지 연기는 모두 그 순서대로 그 다음 것에 대한 조건이 되는데, 이 조건이 반드시 사건일 필요는 없다는 것이 그 둘째 가능성이다.

조건과 연기

나는 둘째 가능성에 더 무게를 둔다. 12지 연기 모두를 각각 사건으로 해석하는 것은 연기에 대한 이해를 인과에 대한 설명으로 맞추려는 지나치게 동정적이고 궁색한 해석이라는 이론적 부담이 있다. 특히 『니까야』의 「갈대묶음의 경」에서 사리불이 식識과 명색이 각각 서로를 조건으로 연緣(의존)하여 생겨난다는 점을 밝히는데, 이런 상의相依관계도 인과로 해석하려면 형이상학자들이 인정하기 부담스러워하는 동시인과를 받아들여야 한다는 문제가 있다. 그러나 서로를 조건으로 하여 서로가 생겨난다는 연기緣起로 설명한다면 그 부담을 덜 수 있다. 동시인과에 대해 느끼는 부담감이 동시연기同時緣起라고 부를 수 있는 관계에는 없기 때문이다.
　　우리는 일상에서 동시적 의존(相依)관계를 무수히 경험한다.

남편과 부인, 부모와 자식, 선생과 학생 등은 서로를 조건으로만 존재할 수 있다. 동서남북, 상하좌우, 전후, 우열 등 그 예를 열거할 수 없을 정도로 많은 개념들과 이 개념들이 포섭하는 대상들 또한 서로를 조건으로 존재한다. 이들 가운데 어떤 것도 상호의존관계 없이 독립적으로 존재할 수 없다.

과학철학자들은 자연현상이 오직 우리에게 주어진 배경이론에 의해서만 관찰되고 해석된다고 설득력 있게 주장해 왔다. 우리에게 익숙한 개념인 질량, 시간 그리고 공간조차도 뉴턴의 물리학과 아인슈타인의 상대성 이론에 있어서 각각 다르게 관측되고 이해된다. 유전자(gene)도 생물학 이론에 따라 다르게 해석된다. 대상 또는 개념에 대한 이해가 반드시 배경이론을 조건으로 의존(緣)해 이루어지기(起) 때문에 우리는 여기서도 연기緣起를 본다. 그러나 이것이 인과는 아니다.

대승은 아비달마학파의 연기에 대한 해석을 이시인과異時因果로 표현한다. 그러면서 인과의 개념을 더 확장해서 식識과 명색 사이와 같은 동시인과同時因果의 경우도 포함하도록 해석한다. 그러나 위에서 언급했듯이 동시인과는 아직도 형이상학적으로 그 존재를 새로 증명해야 할 부담이 있다. 우리는 또 인과는 아니지만 조건에 의존하는 연기관계라고 볼 수 있는 수많은 비인과적 관계가 존재한다는 점을 알고 있다. 그래서 나는 이시인과와 동시인과에 대한 구분을 그보다 형이상학적 부담은 적으면서도 더 포괄적인 이시연기異時緣起와 동시연기同時緣起의 구분으로 대체할 것을 제안한다. 실은 이렇게 시점時點을 언급할 필요도 없이 전통적으로 이해된 인과와 비인과적 관계를 모두 포함하는 포괄적 관계로서 단지 '연기'만을 언급하는 편이 더 좋다고 생각한다.

이것과 저것 사이의 관계

이것이 있을 때 저것이 있으며 이것이 없을 때 저것이 없다는 것이 연기다. 이는 사물이 조건에 의해 생멸한다는 말이니까, '이것'이 조건에 해당되겠고 생멸하는 사물이 '저것'에 해당되겠다. 여기서 이것과 저것 사이에는 어떤 관계가 존재하는가? 이것이 조건이니까 저것은 결과가 되겠는데, 조건과 결과 사이의 관계가 바로 연기하는 것들이 서로 가지는 관계인가? 그렇다고 볼 수 있다. 그러나 이 답변은 부족하다. 왜냐하면 조건과 결과 사이에 존재하는 그 관계는 과연 어떤 것이냐고 다시금 묻게 되기 때문이다.

우리는 흔히 이러이러한 조건이 모이면 필연적으로 저러저러한 결과가 나온다고 말한다. "인과응보因果應報"라는 말도 이런 생각으로부터 만들어졌다. 그런데 이 '필연적으로'라는 개념이 연기에 적용되어도 되는지는 차분히 따져 보아야 할 필요가 있다. 전통적으로 어떤 주장이 필연적으로 참이라는 말은 그 진리가 '달리 어찌될 수 없다(cannot be otherwise)'는 뜻으로 받아들여졌다. 현대철학에서는 '모든 가능세계 또는 모든 가능한 상황에서 그 주장이 참이다'는 의미로 이해된다. 그렇다면 '이것이 있을 때 저것이 있으며 이것이 없을 때 저것이 없다'는 연기의 법칙이 정말 모든 가능한 세계나 상황에서 달리 어찌될 수 없는 필연적인 관계를 말하고 있을까? 이 질문에 답하기 위한 준비 작업으로 먼저 조건과 결과 사이의 관계에 대한 다양한 해석 가능성을 검토해 보겠다.

이것이 있을 때 저것이 있고…

아비달마학파가 선호하는 대로 연기를 인과로 받아들인다고 해도 우리는 존재세계에서 필연성을 확보할 수 없다. 데이비드 흄의 유명한 당구공의 예로 이 점을 설명해 보겠다. 당구공 A가 움직이다가 멈춰 있는 당구공 B를 치고서는 그 자리에 멈춘다. 이때 B가 대신 움직이기 시작한다. 우리는 보통 A가 가진 힘이 B에 전해져서 A가 멈추고 B가 움직인다고 생각한다. 그리고 이 과정이 필연적이라고 본다. 여기서 A가 B를 친 사건이 원인이고 B가 움직이기 시작한 사건이 결과인데, 원인과 결과는 필연적으로 연결되어 있다고 생각한다. 그런데 흄은 이런 이해가 모두 잘못되었다고 비판한다.

먼저 당구공 A와 B가 주고받았다는 숨어 있는 힘은 경험적으로 그 존재를 확인할 길이 없다. 누가 힘 자체를 본 적이 있는가? 혹자는 움직이는 당구공을 손으로 막으면 아픈데, 이것은 당구공 안에 힘이 있기 때문이 아니냐고 반문할 것이다. 그러나 우리가 이때 감각으로 직접 경험하는 것은 단지 손이 느끼는 통증일 뿐이지 당구공에 숨어 있다는 힘이 아니다. 혹자는 또 손이 느끼는 감각을 통해 당구공이 가진 힘의 존재가 간접적으로 확인되는 것이라고 볼 것이다. 그러나 물리학 이론이 가설로 만들어 놓은 '힘'이라는 것의 존재는 결국 가설일 뿐이다. 과학이론이 바뀐다면 사라질 수도 있는 가상의 존재다.

흄은 원인과 결과 사이의 관계를 말하는 자연법칙이란 실제로는 모두 한 종류의 사건이 다른 종류의 사건과 함께 연속적으로 반복해서 일어날 때 우리가 심리적으로 이 두 종류의 사건들을 연결해 상상하고 개념적으로 연합(association)시켜 놓은 것일 뿐이라고 본다. 우리 심리가 그렇게 만들어 놓은 것이지 그들 사이에 실제로 존재하는 필연적 관계를 확인해서 나온 결과가 아니라는 것이다. 예를 들어, 성냥을 그으면 불이 붙는데, 우리가 성냥을 긋는 행위에 불이 붙게 하는 어떤 보이지 않는 힘이 있다는 것을 경험적으로 확인할 수는 없다. 그러나 불이 붙는 결과가 반복해서 나타나게 되면 어느 순간 우리는 심리적으로 성냥을 긋는 것이 원인이고 불이 붙는 것이 결과라고 생각하면서 이 둘 사이에 필연적인 법칙이 존재한다고 여기게 된다. 리트머스 시험지를 산성 용액에 넣으면 색깔이 변하는데, 이 실험도 반복되다 보면 마음속에서 어느덧 이 둘 사이에 필연적인 인과법칙이 있다고 보게 된다. 그러나 이런 필연성이나 보이지 않는 힘의 존재를 직접 확인할 길은 없다.

러셀은 인과의 필연성을 부정하며 재미있는 예를 제시한다. 어느 닭 농장 주인이 언제나 종을 치고 닭 모이를 주었다. 몇 달 동안 그렇게 하다 보니 닭들은 종소리가 나면 모이를 먹는다고 생각해 주인 곁으로 모두 모였다. 닭들 마음속에 종소리와 먹이 사이에 필연적인(?) 인과법칙이 형성된 것이다. 그러던 어느 날 주인이 또 종을 치자 닭들이 모두 모였는데, 이날은 주인이 모이를 주는 대신 모두 잡아서 도축장으로 끌고 갔다. 두 종류의 사건이 반복적으로 일어난다고 해서 둘 사이가 필연적으로 연결되어 있는 것은 아니라는 우스꽝스런 이야기다. 그래서 연기를 인과로 해석한다면, 인과 자체가 필연적이지 않기 때문에, 필연성을 담보할 수 없다.

만약 이것이 있으면 저것이 있고…

불교계에서 특히 아비달마학파 연구자들 사이에는 연기를 인과로 보면서 이 인과관계를 "만약 이것이 있으면 저것이 있다."는 조건문의 형식으로 해석하는 경우가 있다. 그러나 이것은 중대한 오류다. 인과는 존재세계에 있는 두 사건들 사이에 존재하는 어떤 관계지만, "만약 이것이 있으면 저것이 있다."는 문장은 논리학에서 다루는 조건문(if … then …)의 형태로 되어 있어서, 기본적으로 존재세계가 아닌 우리 논리세계에 관한 것이기 때문이다. 존재의 문제를 논리의 문제로 혼동해서는 안 된다. 예를 통해 이 문제를 살펴보겠다.

성냥을 그으면 불이 붙는다. 소금을 물에 넣으면 녹는다. 이런 문장들은 "만약(if) 어떤 일이 생기면(then) 다른 일이 생긴다."는 조건문의 형태로 되어 있다. 이 문장들은 다행히 인과를 표현하고 있다. 그런데 조건문은 인과가 아닌 관계도 포함하기 때문에 인과를 조건문의 형식을 통해 이해하면 오류에 빠지게 되는 경우가 허다하다. 예를 들어, 오늘이 월요일이면 내일은 화요일이다. 이 조건문은 물론 참이다. 그러나 오늘이 월요일이라는 사실이 내일은 화요일이라는 사실의 원인은 아니다. 그냥 월요일 다음에 화요일이 올 뿐이다. 305번 버스가 언제나 135번 버스 다음에 온다고 해서 135번 버스가 305

번 버스가 오게 되는 원인이 아닌 것과 마찬가지다. 한편 x=2이고 y=3이면 x+y=5가 되는데, 그렇다고 해서 'x=2와 y=3' 그리고 'x+y=5' 사이가 원인과 결과로 연결되는 것은 아니다. 논리적으로 또는 수학적으로 그렇게 연결되어 있을 뿐이지 이것이 우리 존재 세계가 이어져 있는 모습을 보여주는 인과는 아니다.

　혹자는 인과를 '만약 …이면 …다'라는 조건문으로 이해할 수는 없지만, 보다 포괄적인 의미에서의 연기를 조건문으로 이해하는 데는 문제가 없다고 볼지도 모른다. 위에서 본 월요일과 화요일의 관계, 그리고 수학이나 논리학에서 말하는 관계들도 넓은 의미에서의 연기관계로 볼 수 있기 때문이다. 일리가 있는 이야기지만, 이 또한 중대한 문제에 직면한다. "네 말이 옳으면 기차바퀴는 네모나다."라는 농담이 있다. 네 말이 너무도 엉터리이기 때문에 만약 그 말이 참이면 기차바퀴가 네모라는 엉터리 주장 또한 참으로 받아들여야 한다는 이야기다. "이 형편없는 그림이 예술적 대작大作이라면 나는 원숭이 삼촌이다."라는 말도 마찬가지다. 이와 같이 조건문의 앞부분(전건 antecedent)이 거짓이면 뒷부분(후건 consequent)은 그것이 무엇이 되든지 그것의 진위眞僞와는 상관없이 전체 문장이 뜻이 통하고 옳은 이야기가 되고 만다. "해가 서쪽에서 떠오르면 북극성이 남쪽 하늘에서 뜬다", "해가 서쪽에서 떠오르면 모든 총 각은 기혼자다", "해가 서쪽에서 떠오르면 일본열도는 남미 대 륙에 붙어 있다."와 같은 문장들이 논리적으로 모두 참이 된다. 그래서 논리학의 조건문은 전건이 거짓이면 후건은 어떤 거짓 인 주장이어도 전체로서는 참인 문장의 일부로 포함시켜주게 되고 만다. 그러나 나는 어떤 의존관계에 대한 표현인 연기가 이런 엉터리 관계들까지 포함하지는 않는다고 생각한다. 그래 서 연기를 '만약(if) …이면(then) …이다'라는 논리학의 조건문 형식이 보여주는 관계로 이해해서는 안 된다.

이것이 있으므로 저것이 있고

이것이 있으므로 저것이 있고 이것이 생기므로 저것이 생긴다. 이것이 없으므로 저것도 없고 이것이 사라지므로 저것도 사라 진다. 此有故彼有 此生故彼生 此無故彼無 此滅故彼滅. 이렇게 『아함 경』의 한문문장을 한글로 풀다 보면 "고故"자 때문에 『니까야』 로부터 번역한 한글문장과는 좀 다르게 번역되기도 한다. 이 챕터의 앞부분에서는 "이것이 있을 때 저것이 있으며, … 이것 이 없을 때 저것이 없으며, …"로 번역된 문장을 소개했다. 『니 까야』의 문장을 번역한 것이었다. 그런데 한자문화권에서는 "고故"자가 번역문에 쓰이게 되어 이것과 저것 사이의 어떤 의존관계가 더욱 강조되며 이해되어 온 것 같다.*

'이것이 있으므로 저것이 있다'는 '이것'이 원인이고 '저것'이 결과라는 식으로 이해할 수 있다. 이런 해석에 대해서는 앞에서 이미 논의했다. 그런데 "故"자는 원인과 결과의 관계를 보여줄 수도 있지만 앞의 것이 뒤의 것을 설명해 준다는 연결사(connective) "because"로서 '~ 때문에 또는 그러그러한 이유로'로 이해될 수도 있다. 아리스토텔레스가 논한 질료인質料因(material cause)과 형상인形相因(formal cause)을 현대철학에서는 원인으로 보지 않고 질료와 형상을 언급하며 진행하는 설명(explanation)의 두 종류로 보는데, 이런 이해가 내 논점을 지원해 준다.

망치가 단단한 이유는 그것이 단단한 쇠로 만들어졌기 때문인데, 이렇게 망치의 재료적 바탕을 언급함으로써 망치의 단단함을 설명할 수 있다. 그러나 여기서 쇠의 단단함이 망치의 단단함의 원인은 아니다. 원인과 결과 사이 시간적 간격과 중간단계의 존재가 인과의 특징인데, 망치의 물질적 기반인 쇠와

---

* 그래서 인과응보因果應報와 같이 어떤 필연성을 함축하는 용어들도 많이 쓰이게 되었는지도 모른다. 그러나 필연성은 인因의 자성自性과 과果의 자성 그리고 인因과 과果 사이에 존재하는 관계의 자성도 존재해야 가능할 것이기 때문에 불교에서는 참으로 조심해서 언급해야 할 개념이다.

망치 사이에는 아무런 시간적 차이나 중간단계가 없다. 그래도 망치의 단단함이 그 재료인 쇠의 단단함으로 잘 설명된다. 여기서 인과는 없지만 그래도 쇠의 단단함을 조건으로 망치의 단단함이 연기한다고 볼 수 있기 때문에 포괄적인 의미에서의 연기관계가 성립한다고 할 수 있겠다.

한편 장력이 같은 악기의 두 줄의 길이 비율이 2:1이라면, 이 두 줄이 내는 소리 사이에는 한 옥타브의 차이가 있게 된다. 이때 2:1이라는 비율은 오랫동안 한 옥타브의 형상인(formal cause)이라고 불렸는데, 이 또한 오류이다. 2:1이라는 비율과 한 옥타브 사이에는 어떤 시간적 간격이나 중간단계도 없기 때문에 이것은 인과가 아니다. 그렇지만 2:1의 비율이 한 옥타브의 존재를 잘 설명해 주고 있고, 이것은 2:1의 비율을 조건으로 한 옥타브가 생멸한다는 연기관계로 포섭될 수 있다. 설명 또한 연기의 한 종류로 받아들일 수 있다는 점이 반갑다.

이것이 있을 때 이것 아닌 것이 있고, 이것 아닌 것이 있을 때 이것이 있다

정원에 소나무 한 그루가 서 있다. 이 소나무가 소나무인 이유는 그것이 소나무 아닌 것들과 구별되기 때문이다. 만약 이 세상에 존재하는 것이 오직 소나무뿐이라면 소나무는 소나무가 아니라 온 우주가 될 것이다. 소나무란 말 대신 우주라는 말을 써야 옳게 된다. 그래서 소나무는 반드시 소나무 아닌 것들과의 상관관계에 의해서만 소나무가 된다. 이 예는 존재하는 다른 모든 것에도 그대로 적용된다. 책상은 책상 아닌 것들과의 관계에서만 책상이고, 꽃은 꽃 아닌 것들에 대비해서만 꽃이다. 그 반대의 경우도 마찬가지다. 고뇌의 불길이 꺼진 상태는 고뇌의 불길이 타오르고 있는 상태가 아니기 때문에 그런 것이고, 깨달음을 얻지 못하고 미혹의 상태에 빠져 있는 것은 깨달은 상태가 가능하기 때문에 그렇다는 것이다. 범죄자가 아닌 사람들은 범죄자와의 상관관계에 의해서만 범죄자가 아니다.

　위에서는 보통명사를 사용해 논의했지만 고유명사를 사용해도 동일한 논의가 진행된다. 이순신은 이순신이 아닌 모든 것들과의 관계에서만 이순신이고, 이순신이 아닌 모든 것들은 이순신과의 관계에서만 이순신이 아니다. 한국은 한국 아닌 것들과 구별되어서만 한국이고, 한국 아닌 것들은 한국과의 관계에서만 한국 아닌 것들이다. 이와 같이 보통명사나 고유명사를 사용해 지시하는 것들에 대해 모두 '이것은 이것이 아닌 것이 있어서 이것이고, 이것이 아닌 것은 이것이 있어서 이것이 아니다'라고 말할 수 있다. 동아시아 불교 전통에서는 이런 관계를 '상의적相依的'이라고 말하며 연기의 개념 아래 포함시켜 왔다. 서로가 서로를 조건으로 의지한다는 것이어서 나도 이것을 연기의 일종으로 봄이 옳다고 여긴다. 이것과 이것 아닌 것은 상의적으로 연기한다.

이것이 있을 때 저것이 있지만, 저것이 있다고 해서 이것이 있는 것은 아니다

우리는 보통 원인으로부터 결과가 생겨나지, 결과로부터 원인이 생긴다고 생각하지는 않는다. 예를 들어 성냥을 그으면 불이 붙지만, 불이 붙었다고 성냥이 만들어지지는 않는다. 위에서 본 상의적相依的 연기는 대칭적(symmetrical) 의존관계이지만 그것은 어찌 보면 우리가 사물에 대한 개념적 정의를 통해 확인한 논리적 의존관계이다. 그러나 존재세계에서의 연기는 인과에서와 같이 비대칭적 의존관계가 대부분을 이룬다.

이 문제를 조금 다른 각도에서 조명해 보면 발견하게 되는 흥미로운 사실도 있다. 원인이 있을 때 결과가 생기지만, 같은 결과가 있다고 해서 반드시 같은 원인이 있는 것은 아니다. 성냥을 그으면 불이 붙지만, 불은 나무 둘을 마찰시켜서도, 부싯돌을 부닥쳐서도, 돋보기로 햇빛을 모아서도, 벼락에 맞아서도, 그리고 전기 스파크로도 만들 수 있다. 그래서 불이 났다고 해서 그것이 반드시 같은 원인에 의해 초래됐다고 볼 수 없다. 다시 말해, 원인이 각각 다르더라도 모두 불을 만들어 내지만, 불이 있다고 해서 그것의 원인이 무엇인지가 곧바로 찾아지지는 않는다. 불은 그때그때마다 다른 원인에 의존하지만, 어느 원인도 불에 그 존재를 의존하지는 않는다. 여기서도 비대칭적 의존관계가 있다.

비대칭적 의존관계의 또 다른 예로는 현대서양 분석철학에서 말하는 수반隨伴(supervenience)이 있다. 이것은 상의관계相依關係가 아니고 한쪽 방향으로만 동시적同時的 의존관계가 존재하는 경우다. 예를 들어 한 떨기 붉은 장미의 아름다움은 이 장미라는 물질적 토대에 의존한다. 장미와 그것의 아름다움 사이에는 시간간격이나 중간단계가 없기 때문에 이것이 인과는 아니다. 그러나 물질적 토대가 없이는 아름다움이 존재할 수 없기 때문에 여기에는 분명 의존관계가 있다. 그런데 토대인 장미는 아름다움에 그것의 존재를 의존하지 않는다. 그래서 수반은 동시적이고 비대칭적인 의존관계다.

한편, 아름다움이 반드시 장미에만 의존하는 것도 아니다. 무지개의 빛깔, 비너스, 미켈란젤로의 다윗 상, 모차르트의 피아노 소나타 등은 모두 아름다운데, 아름다움은 이처럼 수많은 (아름다운) 사물 어느 것으로부터도 생겨날 수 있다. 그리고 아름다움은 그때그때마다의 물리적 토대에 의존하지만, 이런 토대들은 아름다움에 그 존재를 의존하지 않는다. 우리는 여기서 또 비대칭적 의존관계를 볼 수 있다. 선善함이나 정의正義와 같은 도덕적 덕목도 모두 아름다움과 같은 미학적 가치와 마찬가지로 그것들의 물리적 토대와 관련하여 비대칭적 의존관계를 갖는다.

우리 세계에는 위와 같이 동시적이면서 비대칭적인 의존관계가 엄연히 존재하고 있다. 그 관계가 동시적이기 때문에 이시異時인과가 아니지만, 그렇다고 또 다른 종류의 인과로 보기도 어렵기 때문에 동시인과도 아니다. 이런 비대칭적 의존관계를 20세기 후반 이후 수반관계라고 부른다고 앞에서 밝혔는데, 위의 논의로부터 수반 역시 연기의 한 종류임이 분명해졌다고 본다.

이것과 저것 사이 관계가 필연적일까

지금까지 우리는 인과나 수반과 같은 경험세계의 존재론적 의존관계뿐 아니라, 우리의 언어 및 논리 수학적 세계에 있어서의 개념적 의존관계도 연기의 개념 아래 포섭된다는 점을 살펴보았다. 연기란 경험세계와 논리세계에 각각 존재하는 것들이 그 안에서 서로 의존하며 변화하는 모습을 표현하는 말이다.

그런데 위와 같이 서로 맺는 의존관계는 '달리 어찌될 수 없다'는 의미에서 필연적일까? 그래서 어떤 상황에서도 그 관계가 달라지지 않을까? 거의 모든 철학자들이 경험세계에서 관찰되는 인과법칙이 필연적이지 않다는 점에 동의한다. 예를 들어, 지구상에서는 성냥을 그으면 불이 붙지만 자연법칙이 다를 수도 있는 우주 저쪽에서는 그렇지 않을 수 있다. 아인슈타인의 상대성이론은 빛의 속도가 상수(constant)라는 법칙을 근간으로 하고 있는데, 다른 차원의 우주에서는 그렇지 않을 수도 있다. 실은 우리 우주에서도 빛의 속도가 빅뱅 초기에는 더 빨랐고 그 다음부터는 계속 느려져 왔다는 가설이 요즈음 주목받고 있다. 그래서 자연과학이 대상으로 하는 경험세계에 영구불변한 필연적 법칙이 존재한다고 보는 철학자는 소수에 불과하다.

한편 서양철학자 대부분은 우리 언어와 논리 및 수학의 세계에 있는 개념들 사이에는 필연적 관계가 존재한다고 생각한다. 예를 들어 "총각은 결혼하지 않았다."와 "붉은 꽃은 붉다."라는 문장은 거짓이 될 가능성이 전혀 없어서 필연적으로 참인 문장이라고 판단한다. 그리고 "2+3=5"나 "두 점 사이의 최단경로는 직선이다."와 같은 산수나 기하학의 문장들도 필연적이라고 본다. 모든 것은 그 스스로와 동일하다는 논리학의 동일성 법칙 또한 마찬가지다. 전후, 좌우, 상하, 그리고 부부와 같은 개념들에 각각 존재하는 의존관계도 넓은 의미에서의 연기로 볼 수 있는데, 이런 경우에도 서로가 서로에 필연적으로 의존하는 것으로 보인다. 그렇다면 개념들 사이의 의존관계는 필연적 연기 관계일까? 다음에서 이와 관련된 논의를 계속하겠다.

서양전통에서 말하는 두 가지 진리

만물이 조건에 의해 생멸한다는 연기는 경험세계 및 우리 개념 세계 안에 있는 존재자들 사이의 의존관계에 대한 포괄적 통찰이다. 근대 이후 서양철학은 인간에게 가능한 제대로 된 진리 탐구 영역에는 대체로 두 종류가 있다고 보아 왔는데, 이 둘은 물론 모두 연기로 포섭할 수 있는 영역이다. 이 두 진리의 영역에 필연성이 존재하는가를 검토함으로써 연기가 필연적일 수 있는가를 살펴보겠다.

그 첫째 영역은 칸트가 말한 분석판단으로서, 이것은 어떤 문장의 참 거짓이 '그 술어(predicate)가 주어(subject) 안에 포함되어 있는가'의 여부에 의해 결정되는 것들이다. 예를 들어 총각이란 결혼하지 않은 남자를 의미하는데, "총각은 결혼하지 않았다."라는 문장은 술어의 개념이 주어의 개념 안에 포함되어 있기 때문에 참이다. "붉은 꽃은 붉다."도 마찬가지다. 철학자들은 이런 종류의 참된 문장을 이성理性의 진리, 개념들 사이의 관계에 의해 결정되는 진리, 분석판단 등으로 불렀고, 그들 모두는 이것들이 필연적 진리라는 점을 의심치 않았다. 이들 문장에서 술어를 부정하면 "총각은 결혼했다."나 "붉은 꽃은 붉지 않다."와 같은 문장이 되어 논리적으로 모순에 빠지게 되고 만다. "2+3=5"와 "두 점 사이의 최단경로는 직선이다."라는 수학의 문장들도 각각 수에 대한 정의定義와 유클리드 기하학의 공리公理로부터 나오는 진리로서 모두 같은 종류의 필연적인 진리로 보았다.* 논리학과 수학은 이런 필연적 진리를 다루는 대표적인 학문으로 간주되었다.

두 번째 진리의 영역은 칸트가 말한 종합판단으로서, 어떤 문장의 참 거짓이 우리의 경험에 의해 결정되는 문장들이다. "해는 동쪽에서 뜬다."와 "메주는 콩으로 쑨다."와 같은 문장의 진위眞僞는 해와 메주를 개념적으로 분석해서는 알 수 없고, 우리가 반드시 감각기관을 통해 경험으로 해가 동쪽에서 뜨는지 그리고 메주는 콩으로 쑤는지를 확인해야만 알 수 있다. 철학자들은 이와 같은 진리를 사실의 진리, 사실의 문제, 종합판단 등

* 칸트는 그의 『순수이성비판』에서 산수나 기하학과 같은 순수수학의 문장을 분석판단이 아닌 종합판단으로 간주했지만, 20세기 이후 철학자들은 이것을 분석판단으로 분류하고 있다.

으로 불렀다. 이 문장들은 우리가 그 술어를 부정해서 "해는 동쪽에서 뜨지 않는다", "메주는 콩으로 쑤지 않는다."와 같은 문장들로 만들어도, 비록 이것들은 거짓이지만, 논리적으로 모순이 되지는 않는다. 그래서 이런 문장들은 필연적으로 참이거나 거짓이 아니라 단지 우리 세계에서만 우연히 참이거나 거짓이라는 결론을 내리게 된다.** 자연과학은 이런 '우연히 참인(contingently true)' 진리를 다루는 학문이다.

18세기의 데이비드 흄이나 20세기의 논리실증주의자들은 위의 두 종류의 진리만을 신뢰한 나머지 그밖의 주제를 논의하는 학문은 그 어떤 것이라도 엉터리고 삿된 주장들이라며, 그런 주제를 다루는 책은 모두 불살라 버려야 한다는 과격한 주장도 서슴지 않았다. 이들의 주장이 지나치기는 했지만, 서양

** '우연히 참'이라는 말은 이런 문장들이 임의적으로(arbitrarily) 또는 무작위적으로(randomly) 참이라는 말이 아니다. 해가 동쪽에서 뜨고 또 콩으로 메주를 쑨다는 점은 이 태양계와 지구상에서 작동하고 있는 자연법칙에 의해 참이 되기 때문에 이것들이 아무렇게나 참은 아니다. 주어진 자연법칙에 따라 참이지만, 이 자연법칙이 필연적으로 주어진 것이 아니라 우연히 우리세계에 주어져 있기 때문에 이런 문장들도 '우연히 참'이라고 하는 것이다. 철학에서 언급하는 '우연'이라는 개념과 우리가 일상생활에서 쓰는 '우연히'라는 말에는 의미의 차이가 있다.

철학자들은 위의 두 종류의 진리가 모든 진리의 대표라는 점에
대체로 동의한다.

이성의 진리와 연기

자고로 서양인들은 논리학과 수학을 필연적인 진리를 다루는
엄밀한 학문으로 내세우며 사랑해 왔다. 플라톤의 기하학 예찬
은 유명하며, 18세기의 칸트도 기원전 4세기에 완성된 아리스
토텔레스의 논리학이 완전한 체계여서 더 이상 계발의 여지가
없다고 평하기까지 했다. 그러나 19세기말 이후 수리논리학의
발전으로 논리학은 수많은 변화를 겪으며 거듭 진화했다. 아리
스토텔레스의 논리학은 그것이 정한 범위 안에서만 훌륭한 체
계였지 더 정교하고 포괄적인 수리논리학과는 견줄 바가 못 되
었다. 이런 급격한 변화는 비非유클리드 기하학을 비롯해 수학
의 다른 분야에 있어서도 예외가 아니었다.

　문제가 없다고 간주되었던 산수의 체계조차도 그 안으로부
터는 완전성(completeness)을 보일 수 없음이 증명되었다. 비非
유클리드 기하학에서는 종래의 상식적인 유클리드 기하학이
공간을 이해하는 데 쓸 수 있는 여러 이론 가운데 하나에 불과
하다는 점도 드러났다. 또 러셀은 우리가 초등학교 때부터 배
우는 집합론이 가지고 있는 역설(paradox)을 발견함으로써 그

것 또한 완전한 체계가 아님을 밝혔다. 서양인들이 수천 년 동안 최고의 학문이라고 여겨 왔던 논리학이나 수학조차도 실은 주어진 (불완전한) 배경이론에 의존해서만 ─ 그것에 연기해서만 ─ 제한적으로 참이라는 점이 20세기 이후에는 상식이 되었다.

'모든 것은 스스로와 동일하다'는 논리학의 동일률에도 실은 시간이라는 요소(factor)를 배제했을 때만 그것이 옳다는 조건이 숨어 있다. 왜냐하면 모든 것은 시간의 흐름에 따라 변하므로 어떤 것도 스스로와 영원히 동일할 수 없기 때문이다. 한편 "총각은 결혼하지 않았다."라는 논리학의 예도, 어떤 총각은 현재는 결혼하지 않았지만 시간이 지나면 그 상황이 변할 수 있으며 또 "총각"이라는 말의 의미도 시대와 장소에 따라 변한다. 그래서 "총각은 결혼하지 않았다."라는 문장은 시간의 요소를 배제하고 또 단어의 의미가 불변한다는, 이치에 잘 맞지 않는 조건을 덧붙여야 겨우 옳게 된다. "붉은 꽃은 붉다."에서는, 붉은 꽃도 곧 시들어 떨어지면 더 이상 붉지 않다. 방금 살펴보았듯이, 논리학의 세계에서도 시간의 요소와 주어진 언어 환경에 의존해서만 그 문장들의 참 거짓을 가릴 수 있게 된다.

수학과 논리학의 세계에서도 어떤 것도 주어진 조건에 의존하지 않은 채 스스로의 본질, 즉 자성自性을 바탕으로 다른 것들과 필연적인 관계를 맺을 수는 없다. 필연적 관계란 실은 변치 않는 자성을 가진 존재자들이 있고 또 그것들 사이에 변치 않는 관계가 존재해야만 언급할 수 있다. 그래서 연기에 의해 모든 것이 자성을 결여하고 있다는 공空의 가르침을 받아들이는 불교에서는 처음부터 필연성을 논하기가 꺼려질 수밖에 없다. 그러나 물론 불교의 입장을 받아들이기 때문에 필연성을 받아들이면 안 된다고 하면 논리적으로 선결문제요구의 오류를 범하게 되어 옳지 않다. 그래서 논리학과 수학의 세계에조차 필연성이 존재하지 않는다는 점이 불교의 연기와 공의 가르침을 다시금 확증해 준다고 말해야 이치에 맞겠다.

사실의 진리와 연기

칸트는 우리의 경험세계를 모순율이 작동하지 않는 영역이라고 하며, 이와 관련된 문장의 진위는 감각기관을 통한 경험에 의해서만 결정된다고 한다. "해는 동쪽에서 뜬다."나 "한국의 가을하늘은 짙푸르다."와 같은 문장은 해가 동쪽에서 뜨는 것과 가을에 한국의 하늘이 짙푸른 것을 눈으로 보아 확인해야 그 문장이 참임을 알 수 있다. 그런데 해가 동쪽에서 뜨는 것은 단지 우연에 불과하다. 태양계가 형성될 당시 어떤 다른 사건이 일어났었다면 해가 서쪽에서 뜨게 되었을 수도 있기 때문이다. 그리고 한국 가을하늘의 짙푸름도 필연적으로 그런 것이 아님은 기후와 환경이 급변하는 요즈음 쉽게 받아들일 수 있겠다. 이와 같이 관찰과 실험을 통한 경험을 바탕으로 얻어진 자연세계의 모든 법칙은 필연성을 결여한 채 단지 우연적으로만 참이라는 점에 철학자들이 동의한다.

자연과학에서 가장 근본 학문이라는 물리학에서도 자성을 가지고 독립적으로 존재하는 절대불변의 실체(substance)를 찾아볼 수는 없다. 질량, 시간, 그리고 공간 등의 개념은 모두 주어진 배경이론에 의존해서만 ─즉 배경이론에 연기해서만─ 그 대상이 정해지고 의미가 주어질 수 있기 때문이다. 우리는 질량과 시간 그리고 공간 등이 뉴튼의 역학, 아인슈타인의 상대성이론, 그리고 양자역학에서 각각 얼마나 다르게 이해되고 받아들여져 왔는지 잘 알고 있다.

우리가 탐구하는 물리학의 법칙 또한 필연적인 연기관계에 대한 것은 아니다. 필연적인 연기관계가 가능하려면 먼저 자성을 가진 것들이 존재하고 그것들 사이에 불변하는 관계가 있어야 한다. 그러나 배경이론에 의존(연기)하지 않으며 자성을 가지고 실재하는 대상이란 없다. 또 대상들 사이에 존재하는 불변의 필연적 법칙 같은 것은 과학의 역사를 연구해 온 과학사가科學史家 및 과학철학자들에 의해 그 존재가 대단히 의심 받아 왔다. 대상들 사이의 법칙을 다루는 과학이론은 역사상 수

많은 변화를 거듭해 왔고 또 앞으로도 그럴 것이기 때문이다.

현대 인식론의 정합론(coherentism)은 배경이론을 조건으로 하는 연기관계가 실은 우리의 믿음이나 지식 하나하나에도 모두 적용됨을 보여준다. '이 분필은 희다'는 내 믿음은 내가 분필이 무엇인가에 대한 이해를 가지고 있고 또 내가 정상적인 시력을 가지고 흰 빛깔을 구별할 수 있어야 가능하다. 그런데 분필이 무엇인가를 안다는 것은 그것이 주로 학교에서 학생을 가르치려고 칠판에 쓰기 위해 사용되는 도구임을 안다는 것이다. 이런 이해는 분필의 주원료인 석회암, 학교, 학생, 강의, 칠판, 칠판의 재료, 교사라는 직업 등 수많은 배경지식을 바탕으로 해야만 가능하다.

이렇게 배경지식의 배경지식을 찾는 과정은 계속 반복될 것이며, 논리적으로는 결국 우리가 가지고 있는 모든 지식과 믿음의 체계(belief system)가 총동원되어야 온전한 배경지식을 구성하게 된다. 그래서 어떤 믿음이나 한 조각 지식도 실제로는 우리의 믿음체계 전체에 의존해서만—믿음체계 전체에 연기해서만—가능하다는 결론이 나온다. 그런데 우리 믿음체계의 어느 한 부분에는 언제나 작은 변화가 일어나기 마련이고, 이 변화는 긴밀히 짜여 있는 믿음체계 전체를 끊임없이 변화시킨다. 이러다 보니 불변의 자성을 지닌 믿음이나 지식은 존재할 수 없고, 이것들 사이에 어떤 필연적인 법칙적 (연기)관계 또한 존재할 수 없다.

배경이론에 의한 연기는 철저히 더 근본적인 차원에서도 이루어진다. 왜냐하면 인간의 믿음과 지식체계를 형성하는 첫 단계인 우리의 감각경험부터가 불가피하게 배경이론에 의해 채색되기 때문이다. 감각경험 가운데 하나인 시각경험은 존재세계에서 보내오는 시각적 신호와 눈이라는 시각기관 그리고 눈에 들어온 신호를 해석하는 뇌가 함께 작용해야만 가능하다. 전형적인 연기의 과정이다. 그런데 눈의 구조를 흉내 내어 만들어진 종래의 카메라가 온갖 광학이론과 기술이 집적되어 만들어졌다는 점이 보여 주듯이, 눈은 그 자체로 이미 수많은 이론으로 채색되어 있다. 그리고 눈에 들어온 신호를 해석하는 뇌와 그 작용 또한 참으로 복잡한 이론체계에 의해 이루어진다. 이와 같이 가장 단순한 시각경험도 수많은 배경이론에 의존해서 생성·지속·소멸하게 된다. 즉 배경이론을 조건으로 연기한다. 우리는 인식의 첫걸음부터 연기에서 벗어날 수 없다. 이런 연기관계가 필연적일 수 없다는 점은 이제 더 이상 따로 논증할 필요도 없을 것이다.

연기란 필연적이지 않은 의존관계

서양전통에서 구분하는 진리의 두 영역에서 영구불변의 필연적인 법칙적 관계를 보여주는 사례는 없다. 모든 대상과 개념 자체가 배경이론과의 연기관계로 존재하고 이해된다. 대상과 개념이 이론에 연기하기 때문에 그 자체로는 자성이 없어 공空할 뿐이며, 나는 이런 공空한 것들 사이의 연기관계가 '달리 어찌될 수 없다'는 의미에서 필연적일 수는 없음이 자명하다고 생각한다. 다시 말해, 대상과 대상 그리고 개념과 개념 사이의 의존(연기)관계는 필연적일 수 없다.

혹자는 내가 앞에서 언급한 전후, 좌우, 상하, 그리고 부부 관계와 같이 상의적相依的인 개념의 쌍들은 그 상호간의 연기관계가 필연적이지 않느냐고 질문할 수 있겠다. 그런데 전후, 좌우, 상하 관계는 모두 주어진 상식적 기하학의 세계 안에서나 가능한 이야기지 다른 차원에서나 다른 공리를 가진 기하학에서는 상의적相依的이 아닐 수 있다. 부부관계도 현 민법상으로나 상의적일 뿐이지 이런 법체계가 존재하지 않거나 작동하지 않는 사회에서는 존재하지 않는 의존관계이다. 그래서 이 개념의 쌍들 가운데 어느 것도 필연적으로 상의적이지 않다.

이제 불교의 기본 가르침 가운데 하나인 12지 연기설에 위에서 논의한 바를 적용해 보자. 12지 연기설은 과연 우리에게

각 단계들 사이에 결코 달리 어찌될 수 없는 필연적 의존관계가 존재함을 보여주고 있는가? 우리는 그렇지 않다고 답할 수밖에 없다. 역사적으로도 원래 서로 중복되는 내용이 많은 두 개의 10지 연기설을 합쳐서 12지 연기설이 만들어졌다는 연구도 있듯이—그래서 12지 연기를 깔끔하게 설명하기 힘든지도 모른다—11개나 13개가 아니라 반드시 12개의 단계가 연기의 고리로 연결되어 있어야만 한다는 필연성은 없을 것이다. 한편, 다른 세계에 존재하는 다른 종류의 유정물에 따라서는 6입六入(six senses)이 아니라 8입이나 10입이 있을 수도 있고, 또 과학이 극도로 발달한 외계인들은 늙지도 죽지도 않아 노사老死의 단계가 없을 수도 있다. 그래서 불교의 12지 연기설은 사바세계에서 현재까지의 우리 미혹한 중생에게만 해당될 뿐이다. 다른 가능세계, 다른 생명체들에게는 다른 설명을 해야 할 것이다.

지금까지 나는 연기가 필연적이지 않은 의존관계라고 논의했다. 연기는 비록 필연적이지는 않지만 다행히, 우리가 평소 살면서 경험하듯이, 충분히 오랫동안 규칙적으로 반복되곤 한다. 우리 일상의 삶이 그래서 가능할 것이다. 그러나 이런 규칙성을 필연성으로 오해하는 이들이 있다면, 이들은 이런 필연성은 사물들에 변치 않는 자성이 있고 또 그런 사물들 사이에 변치 않는 자성을 가진 관계가 있어야만 존재할 수 있다는 점을

먼저 깨우쳐야 하겠다. 그러나 이것은 연기와 공을 이해한다면
받아들일 수 없는 입장이다.

3장

인과와 관계

1. 인과

연기를 구성하는 여러 관계 가운데 그 대표를 뽑는다면 단연 인과일 것이다. 아비달마학파에서는 인과 이외의 관계는 연기로 인정하지 않았다는 점도 연기와 인과가 얼마나 밀접하게 연관되어 있는가를 상징적으로 보여준다. 서양철학에서는 인과가 우주를 흩어지지 않도록 묶어주는 시멘트라고 부를 정도인데, 이처럼 인과의 개념은 우리가 세계를 이해하는 데 있어 필요불가결하다. 그래서 우리가 연기를 더 깊이 이해하기 위해서는 인과의 문제를 엄밀히 검토해 보아야 한다.

우리 일상 속의 인과

"폭설로 많은 교통사고가 일어났다", "지진으로 여러 건물이 파손되었다", "비료를 주면 농작물이 더 잘 자란다", "적당한 운동이 심장마비 위험을 줄인다", "흡연이 폐암을 유발한다", "경찰이 살인도주범을 사살했다", "타향살이로 향수병이 생겼다", "독경과 명상이 수행자를 깨달음으로 이끈다" 등 일상의 대화에서 인과를 표현하는 문장은 무수히 많다. 그렇지 않은 문장을 가려내기가 쉽지 않을 정도다.

위의 문장들 같이 문법적으로 분명히 인과를 표현하지는 않더라도 문장 형태를 조금 바꾸어 보면 인과를 나타내는 것도 많다. "물은 섭씨 100도에서 끓는다."라는 자연법칙은 표면적으로는 원인이나 결과와 상관없어 보이지만, 우리는 이 문장을 "어떤 것이 물이라면 그것은 섭씨 100도에서 끓는다." 또는 "어떤 것의 물임이 그것이 섭씨 100도에서 끓음을 초래한다."라고 해석하며 인과를 보여주는 문장으로 풀이할 수 있다. 실제로 고전물리학이 제시한 모든 법칙은 이와 같은 방식을 통해 인과법칙으로 이해될 수 있다. 또 나아가 "모든 백조는 희다."라는 생명 세계에 대한 문장도 "어떤 것이 백조임이 원인이 되어 그것의 흼을 결과한다."로 바꾸어 해석하며 인과법칙의 한 종류로 간주할 수도 있다.

그러나 우리가 사용하는 모든 문장이 인과를 보여주지는 않는다. 예를 들어 "춘원은 이광수다."라는 동일성 진술은 춘원과 이광수가 하나의 동일 인물임을 말하는데, 동일성이란 어떤 것과 그것 자체의 관계이기 때문에 반드시 다른 둘 이상의 관계여야 가능한 인과가 될 수 없다. 또 "총각은 결혼하지 않았다."라는 분석판단도 개념과 개념 사이의 관계일 뿐, 시공時空 속에 존재하는 다른 두 대상 사이의 관계를 말하는 인과를 보여주지 않는다. "모든 사람은 죽는다, 소크라테스는 사람이다, 그러므로 소크라테스는 죽는다."와 같은 삼단논법의 문장들 사이의 관계도 논리적일 뿐 인과는 아니다. 비록 이 모든 관계들이 연기로 포섭될 수는 있지만, 인과로는 그렇게 할 수 없다. 인과는 연기의 부분집합일 뿐이다.

인과에 대한 전통적 견해

1) 필요조건과 충분조건
연기란 '모든 사물이 조건에 의해 생성·지속·소멸한다'는 붓다의 가르침이다. 인과 또한 전통적으로 또 상식적으로도 '여러 조건이 충족되면 어떤 결과가 나온다'라는 방식으로 이해되어 왔다. 그래서 우리가 쓰는 '필요충분조건'이라는 개념이 인과를 이해하는 데 도움이 될 수 있다.

어떤 조건이 충족되지 않으면 결과가 일어나지 않을 때 우리는 그 조건을 필요조건이라고 한다. 예를 들어, 산소가 없다면 성냥불이 붙지 않는데, 이때 산소의 존재는 성냥불을 켜기 위한 필요조건이다. 비가 오지 말아야 한다는 것도 필요조건이다. 그런데 이 두 조건만을 충족해서는 성냥불을 켤 수 없고 그밖의 많은 필요조건이 모두 충족되어야 한다. 이렇게 필요조건이 모두 모여 함께 성냥불을 켜기 위한 충분조건을 형성한다. 불교적으로 말하자면, 조건이 충분히 모여야 연기(여기서는 인과)가 이루어진다.

혹자는 여러 필요조건이 단 하나를 제외하고 모두 갖추어져 배경조건으로 완성되어 있는 가운데 이 나머지 하나의 조건만 충족시켜 결과를 만들어 낼 수 있다면 그 마지막 조건을 특별히 원인이라고 보고 나머지 조건들은 모두 배경조건으로 취급한다. 나는 이런 접근방법이 단지 우리가 인과를 설명 또는 예측하기 위한 인식적 편의를 위해 생겨난 관행이라고 생각한다. 존재세계의 입장에서 본다면 모든 필요조건이 동등하게 중요하고, 따라서 하나의 조건을 특별히 원인으로 대우하고 나머지는 모두 그냥 배경조건으로 간주할 이유가 없기 때문이다. 우리는 필요조건 가운데 단 하나라도 충족되지 않는다면 성냥불이 켜지지 않는다는 사실에 주목해야 한다. 그래서 나는 원인과 배경조건을 명확히 구분하는 데 반대하며, 원인이라는 개념은 모든 필요조건이 충족된 상태, 즉 충분조건에 대해서만 적용되어야 한다고 생각한다.

2) 규칙적 생멸로서의 인과

움직이는 당구공 A가 정지해 있는 당구공 B와 충돌하면 A가 그 자리에 멈춰서고 대신 B가 움직이기 시작한다. 수십 수백 번을 반복해도 같은 현상이 규칙적으로 관찰된다. 마른 성냥을 바람 없는 곳에서 바닥에 그으면 불이 붙는다. 수백 수천 번을 관찰해도 마찬가지다. 들고 있는 공을 놓으면 바닥으로 떨어진다. 수천 수만 번을 반복해도 같은 결과가 나온다. 그런데 공을 놓는 1조 번째에도 같은 결과가 나올까? 놓인 공이 반드시 지구의 중심을 향해 떨어진다는 어떤 필연적 법칙이 있을까? 설혹 그런 법칙이 존재한다고 해도 이 공을 놓는 1조 번째에도 그 법칙이 똑같이 작용한다는 보장이 있을까? 전지전능하다는 신神이 있고 그가 마음을 바꾸어 자연의 법칙을 변화시킨다면 공은 하늘 위로 올라갈 수도 있다.

　따지고 보면 자연법칙이라는 것은 우리의 반복된 관찰이 보이는 패턴과 무관하지 않다. 18세기 데이비드 흄에 의하면 사람들은 반복된 관찰로부터 습관적으로 형성된 마음속의 연상 작용에 의해 당구공 A가 B를 움직이게 할 것이고, 성냥불이 붙을 것이며, 또 공이 바닥으로 떨어질 것이라고 추측하고 예상하며 또 그런 기대를 바탕으로 자연법칙을 추상해 낸다. 그러나 우리는 이런 법칙 자체를 결코 관찰한 적이 없고 또 당구공의 움직임과 성냥불의 켜짐 그리고 공의 낙하가 이루어진다는 필연성 자체 또한 눈으로 본 적이 없다.

움직이는 당구공에 숨어 있다는 힘, 성냥이 가졌다는 화학에너지, 그리고 공을 끌어당긴다는 중력이라는 것도 모두 이론적으로 추측하고 추상해 낸 것들일 뿐, 우리가 직접적으로 경험하거나 관찰하지는 못했다. 물론 현대인 가운데는 자연법칙과 힘, 에너지, 중력 등과 같은 이론적 대상의 객관적 실재實在를 절대적으로 믿는 사람들이 있지만, 우리가 과학이 변천해 온 역사를 읽어 보면 이것이 순진한 믿음이라는 점을 쉽게 알아차리게 된다. 흄은 위와 같은 예리한 통찰로 엄밀한 논증을 전개했고, 이는 지난 2세기 이상 대다수 철학자들에게 받아들여져 왔다.

흄의 견해를 받아들이는 철학자들은 반복적으로 일어나는 사건 유형의 규칙성으로부터 (인과)법칙을 그려내려 한다. 말하자면 '인과 = 규칙성 = (인과)법칙'이라는 일종의 등식이 성립한다. 당구공 A의 충돌이라는 사건과 당구공 B의 움직임이라는 사건이 규칙적으로 반복되다 보면 우리는 두 사건 유형 사이에 어떤 법칙적 관계가 있다고 보며 그것을 표현해 보려 하게 된다. 성냥불을 켜는 행위와 공을 놓으면 낙하하는 사건 유형 사이의 관계에 대해서도 마찬가지다. 이와 같이 자연세계에 존재한다는 법칙은 어떤 필연성이나 숨겨진 힘 등에 대한 우리의 직접적 경험이나 관찰에 의해 발견되는 것이 아니라 단지 우리가 보는 사건 유형 사이의 규칙적 관계에 대한 우리의 언어적 표현일 뿐이다. 이것이 인과와 인과법칙의 본래 모습이다. 나는 자연법칙에 대한 이와 같은 유명론적唯名論的 견해가 공空의 관점 또는 인명학因明學의 관점을 통해 전개되는 불교의 견해와 잘 어울린다고 생각한다.

3) 인식의 선천적 범주로서의 인과

뉴튼의 역학이 태동한 17세기부터 자연과학은 '과학혁명'이라는 칭호를 받을 만큼 눈부신 성과를 내기 시작했다. 그런데 불과 한 세기도 안 된 18세기에 흄이 제시한 인과와 인과법칙에 대한 회의론懷疑論이 자연과학의 학문적 기반을 온통 흔들어 놓았다. 흄은 인과적 자연법칙의 필연성을 성공적으로 부정했을 뿐만 아니라, 마치 불교의 무아론처럼 자아自我(self)의 존재를 부정하는 논증마저 제시했다. 18세기 말 독일의 철학자 칸트는 그의 저술 곳곳에서 반복해서 흄을 '예리한' 철학자라고 칭송하면서, 우리가 흄과 같이 철저히 경험주의 전통에 서는한 인과와 인과법칙의 필연성을 확보할 길이 없어 회의주의에빠질 수밖에 없다는 점을 기꺼이 인정한다.

칸트는 우리가 세계를 인식하는 관점을 정반대로 바꿈으로써 흄의 회의주의를 극복하려 시도한다. 그에 의하면 우리가세계를 있는 그대로 인식한다는 경험론의 입장은 옳지 않다. 예를 들어, 빨간 장미가 우리에게는 빨갛게 보이지만 개는 색맹이어서 그 빛깔을 못 본다. 박쥐는 시각이 아니라 초음파로그 모양을 감지한다. 외계인은 장미의 표면 온도로 그것의 존재를 확인할지도 모른다. 이와 같이 다른 종種의 생명체는 다른감각기관과 인식구조(또는 뇌의 구조)로 장미를 다르게 인식한다. 이 가운데 어느 특별한 종의 인식내용이 빨간 장미 그 자체의 모습을 객관적으로 보여준다고 말할 수 없다.

실은 어느 종의 생명체도 빨간 장미 그 자체가 무엇인지는 알수 없다. 우리는 다만 우리의 시각을 통해 들어온 정보를 우리뇌가 가진 구조에 따라 해석해서 우리 나름대로의 시각경험을가지게 될 뿐이다. 이는 다른 모든 종의 생명체도 마찬가지다. 이와 같이 우리는 세계를 있는 그대로 인식할 수는 없고, 우리의 감각기관을 통해 받아들인 세계에 대한 정보를 바탕으로 우리의 인식구조를 통해 우리 인간에게 고유한 방식으로 경험세계를 구성한다. 그리고 그렇게 구성한 세계를 우리가 인식하는 것이다.

칸트는 인과의 필연성이 우리에게 선천적으로(a priori) 주어진 인식의 범주(category)에 의해 확보되는 것으로 설명한다. 예를 들어 우리가 어떤 집의 생김새를 관찰한다고 가정해 보자. 우리는 그 집 앞에 서서 집을 오른쪽에서 왼쪽으로 관찰해도 되고 왼쪽에서 오른쪽으로, 위에서 아래로 또는 아래서 위로 관찰해도 각각 모두 그 집의 모습을 제대로 볼 수 있다. 관찰이 진행되는 시간적 순서는 관찰내용과는 아무 상관이 없다. 이때 정지해 있는 집의 모양은 인과와는 아무 관련이 없다.

한편, 어느 시냇가에서 작은 종이배를 띄운다고 상상해 보자. 배는 시냇물의 흐름을 따라 상류에서 하류로 흘러 내려간다. 어느 경우에도 종이배가 하류에서 상류로 물길을 거슬러 올라갈 수는 없다. 이런 일은 상상이 불가한데, 칸트에 의하면 그 이유는 종이배의 움직임과 같은 사건의 경과는 우리가 선천적으로 가지고 있는 인과라는 범주(개념)에 의해 과거에서 미래로 흐르는 한쪽 방향으로만 진행되도록 인식되기 때문이다.

종이배를 시내의 상류에 놓는 것이 이 종이배 움직임의 원인인데, 우리는 우리에게 주어진 선천적 인식구조 때문에 필연적으로 시간이 얼마 지난 다음에 이 원인의 결과로서 종이배가 하류에 이르게 되는 방식으로만 경험이 구성된다는 것이다. 세계 그 자체에 필연적인 인과관계가 존재하는 것이 아니라, 시간이 흐름에 따라 진행되는 어떤 특정한 경험은 우리의 인식구조가 필연적인 인과관계라고 인식하도록 선천적으로 만들어져 있기 때문에 필연적이라고 본다는 것이다.

그런데 우리는 칸트의 철학에 있어서는 만약 이런 현상이 필연적인 인과관계로 인식되지 않는다면 처음부터 이런 것들에 대한 아무런 인식이 생겨나지도 않는다는 점에 주목해야 한다. 인과의 필연성은 우리가 선택할 수 있는 사항이 아니라 우리가 세계를 인식하기 위해 불가결한 필수사항이다. 경험에 앞서서 우리에게 (선험적으로) 주어진 선천적인 인식구조의 인과라는 범주를 통과하지 않고서는 우리가 자연세계를 법칙적으로 연구할 길은 없다. 그래서 칸트에 의하면 그의 생존 당시 뉴턴 역학이 보여주던 자연법칙이 모두 우리에게 필연적으로 참인 진리로 다가오는 것이었다. 이것이 칸트가 자연법칙의 필연성에 대한 흄의 회의론에 대응하는 방식이었다.

흄이나 칸트 같은 위대한 철학자들이 가진 견해의 우열을 가리기는 거의 불가능하겠지만, 현대 소립자 물리학의 세계에서는 칸트가 제시한 시간적 선후 관계에 바탕을 둔 필연적 인과 관계의 존재를 부정하는 것으로 보이는 현상이 많이 보고되어 왔다. 그래서 인과나 인과법칙의 필연성을 부정한 흄이 결국 옳았던 것 같다. 그리고 우리는 불교가 흄과 가까운 견해를 가지고 있다는 점을 알고 있다.

여여如如한 인과

"성수대교가 무너졌다", "어제 오후 성수대교가 무너졌다", "성수대교가 어제 갑자기 무너졌다", "어제 신문 1면에 보도된 사건이 성수대교에서 일어났다", "성수대교가 시공과 보수유지의 결함으로 붕괴했다", "수십 명의 사람들이 희생된 사고가 성수대교에서 일어났다", "모든 한국인이 경악한 참사가 어제 한강 다리 하나에서 일어났다", "또 하나의 참사가 성수대교에서 벌어졌다." 이 여덟 개의 문장은 몇 개의 사건을 가리키고 있을까? 문장의 표현이 모두 다르니까 여덟 개의 다른 사건을 지시할까? 아니면, 성수대교가 붕괴한 사건은 단 하나밖에 없지만 그것을 여러 다른 표현으로 기술했을 뿐이라고 보아야 옳을까?

철학자에 따라 의견이 다르지만, 우리의 직관은 대체로 하나의 사건에 대해 여러 표현이 있을 뿐이라고 보는 후자가 옳다고 판단하는 것 같다. 이순신 장군은 "이순신", "구국의 영웅", "임진왜란에서 나라를 구한 성웅聖雄", "거북선을 이용해 왜적을 물리친 수군장", "억울하게 옥살이하고 백의종군한 장군", "인류역사상 최고의 수군 제독" 등 수많은 표현으로 지칭되어 왔다. 그렇다고 이런 다양한 표현의 수만큼 이순신 장군이 여럿 존재하는 것은 아니고 단지 우리가 동일 인물을 여러 다른 표현으로 가리킬 뿐이다. 20세기 후반 미국의 철학자 데이빗슨은 사건(event)의 속성을 이와 같은 방식으로 이해했다.

데이빗슨은 어떤 주어진 사건을 다른 사건과 구별해 주는 원리를 그 사건이 속해 있는 인과의 고리들에서 찾았다. 그에 의하면, 어떤 사건을 기술하는 표현과는 상관없이 그 사건이 인과되고(caused) 또 인과하는(causes) 연결고리들이 그 사건의 정체성을 결정한다. "다리의 붕괴(x)로 수십 명이 사망하고 다쳤다(y)", "성수대교가 갑자기 무너져서(x) 많은 사람에게 비극이 벌어졌다(y)", "어제 신문 1면에 보도된 사건(x)으로 많은 가족이 비탄에 빠졌다(y)." 등 같은 인과를 기술하는 여러 다른 표현이 있지만, 이 모두는 기본적으로 "x caused y(x가 y를 초래했다)."는 구조를 가진 동일한 인과를 보여준다. 또한 "시공과정의 결함(z)으로 다리가 붕괴했다(x)", "부주의한 공사감독(z)으로 성수대교가 갑자기 무너졌다(x)", "잘못된 시공(z)으로 신문

1면에 보도된 일이 생겼다(x)." 등도 모두 "z caused x(z가 x를 초래했다)."는 구조를 가진 같은 인과를 표현한다.

z가 x를 인과하고 x가 다시 y를 인과하는 연결고리가 있기 때문에, 이 인과의 연결고리들로부터 비록 x가 여러 다양한 표현으로 기술될 수 있지만 x의 정체성(identity)이 확보되고 그것이 다른 사건들로부터 구별(individuate)된다. 그래서 우리는 사건 x가 어떤 특정한 본질적 속성 또는 자성自性을 가져야만 인과되고 또 인과할 수 있다고 보는 본질주의를 견지하지 않고서도 사건 x를 확인하고 이해할 수 있다. 그리고 인과란 어떤 자성과 자성을 가진 사건들 사이에 존재하는 자성을 가진 무엇이 아니라, 이렇게 그러그러하게 (여여如如하게) 연결되어 있는 x와 y 같이 자성의 존재를 언급할 필요가 없는 것들 사이의 고리에 불과할 뿐이다. 말하자면, 여여如如하게 연결되는 자성 없는 것들 사이의 자성 없는 어떤 고리가 인과이다.* 데이빗슨이 불

---

* 데이빗슨이 인과에 대한 법칙적 설명의 가능성을 전적으로 부정하지는 않았다. 그는 완전하게 발전된 물리학이라면 모든 사건과 사건 사이의 인과를 아무런 유보조항도 없이 엄밀하게 법칙적으로 설명하고 예측할 수 있을 것이겠지만 인간이 이런 수준의 물리학을 발전시킬 수 있다고 보지는 않았다. 한편, 이런 물리학이 제공하는 법칙적 설명이라는 것도 결국은 위에서 논의한 데이비드 흄의 규칙성에 기반한 인과법칙의 이해

자佛子였다는 증거는 없지만, 20세기 후반 영어권 철학계를 풍미한 그의 견해는 지극히 불교적이었다.

2. 관계

"고요한 산사 뜰 앞에 노스님께서 잣나무를 등지고 서 계시다. 수묵화처럼 말없이, 미동도 없이 계시다." 불립문자를 표방하는 선문은 이런 멋진 적정寂定의 장면을 표현하는 침묵의 문화에 익숙하다. 그런데 불법을 현대철학으로 접근하는 나는 여기서도 숨 막히게 역동적인 연기의 그물이 펼쳐져 있음을 본다. 철학자로서 이런 그물에 대해 논하지 않을 수 없다.

　불교에서는 '연기법이 존재하는 모든 사물이 생성·지속·소멸하는 모습을 보여준다'고 가르쳐 왔다. 위의 장면에서 노스님과 뜰 앞의 잣나무라는 두 사물은 어떤 연기의 그물로 포섭할 수 있을까. 지금까지 나는 연기가 인과와 비非인과적 관계로 분류된다고 논의해 왔다. 노스님과 잣나무 사이에는 인과의 징표라고 할 시간적 간격이나 어떤 중간 단계들이 없기 때문에 그 둘이 원인과 결과로 이어져 있다고 보기는 어렵다. 그래서

에 불과한 것이다. 그래서 이런 접근 방식이 원인과 결과에 숨어 있다는 자성이나 그들 사이의 필연적 관계의 존재를 인정하는 것은 아니다.

이 둘이 어떤 관련을 맺고 있다면 그것은 비인과적 관계일 것이라고 보아야 하겠다. 그러면 그런 비인과적 관계란 어떤 종류의 연기일까.

『니까야』에 나오는 붓다의 연기에 대한 서술을 상기해 보자면,

이것이 있을 때 저것이 있으며, 이것이 생겨나므로 저것이 생겨난다.
이것이 없을 때 저것이 없으며, 이것이 소멸하므로 저것이 소멸한다.

"노스님"과 "(뜰 앞의) 잣나무"를 각각 "이것"과 "저것"에 대입해 보자("노스님"과 "잣나무"의 순서를 바꾸어도 상관없다). 그러면,

노스님이 있을 때 잣나무가 있으며, 노스님이 생겨나므로 잣나무가 생겨난다.
노스님이 없을 때 잣나무가 없으며, 노스님이 소멸하므로 잣나무가 소멸한다.

화엄의 법계연기에 밝은 독자들은 위의 문장들을 쉽게 이해하겠지만, 이런 배경 지식 없이 보면 이 문장들은 단적으로 거짓이거나 기껏해야 알쏭달쏭한 수수께끼일 뿐이다. 이 문제를 어떻게 조명하고 해결해야 붓다의 연기법을 다시금 뒷받침할 수 있을까?

사물의 구조와 사물간의 관계에 대한 서양의 전통적 견해

서양인들은 사물이 어떤 기체基體에 속성이 예화例化되어 만들어진다고 생각해 왔다. 의자를 보기로 들어 보면, (이 의자의) 모양, 색깔, 무게, 단단함 등 여러 속성이 (이 의자의) 기체에 예화되면서 의자가 생성된다는 것이다. 고대 희랍의 플라톤은 이런 속성을 추상적인 보편자(universal)로 보았는데, 아리스토텔레스는 그것을 기체마다 각각 따로 존재하는 개별자(particular)로 보았다. 이 개념들을 하나씩 설명해 보겠다.

기체는 실체(實體, substance)라고도 표기되는데, 엄밀히는 실체보다 기체(substratum)라고 말해야 옳다. 왜냐하면 실체란 주로 '독립적 존재자(independent existence)'로 정의되기 때문이다. 형이상학자들은 이러저러한 속성들이 예화되는 바탕으로서 기체의 존재가 요구된다고 생각해서 '밑바탕'이라는 의미의 기체의 개념을 존재론에 등장시켰다. 또 속성들이 닻을 내릴 수 있는 곳인 기체가 없다면 이 속성들이 각기 다른 곳으로 떠돌아다니지 않고 한 곳에 모여 사물을 구성할 수 없다고 생각한 이유도 있다.

속성에는 추상적인 보편자와 시공時空 안에 구체적으로 존재하는 (속성) 개별자의 두 종류가 있다. 지구본과 축구공 그리고 탁구공이 모두 둥근 이유는 구형(sphericity)이라는 보편자가 이것들에 예화되었기 때문이라고 보는 견해가 있다. 한편, 이런 형이상학적인 추상적 존재자는 없지만 지구본과 축구공 그리고 탁구공에는 각각 구형이라는 속성개별자가 존재한다고 보는 사람들도 있다. 이 개별자는 모두 "둥글다"라는 술어(predicate)와 관련 있지만, 각자는 서로 별개의 존재자이다. 최근에는 속성개별자론과 아비달마학파의 다르마론의 유사성에 대한 비교연구가 진행되기도 했다.

이와 같은 서양의 전통적 견해에 의하면, 위의 노스님과 잣나무의 예에서 둘 사이에 존재하는 관계란 실재(實在, real)하지 않는다. 노스님의 경우 스님의 기체에 그러그러한 속성들이 예화되어 있고, 잣나무 또한 나름대로의 기체에 나름대로의 속성들이 예화되어 있다. 노스님은 노스님대로 독립적으로 존재하는 실체이고, 잣나무도 나름대로 실체이다. 이 둘 각자는 스스로의 존재를 위해 서로가 필요하지 않다. 한편, 둘 사이에 어떤 인과가 존재하는 것도 아니어서 노스님과 잣나무가 가진 속성들 사이를 자연과학의 법칙으로 연결할 길도 보이지 않는다. 그래서 노스님과 잣나무 사이에는 아무런 관계도 존재하지 않는다. 이 견해에 의하면 "노스님이 있을 때 잣나무가 있으며, 노스님이 생겨나므로 잣나무가 생겨난다; 노스님이 없을 때 잣나무가 없으며, 노스님이 소멸하므로 잣나무가 소멸한다."는 관계로서의 연기론은 단적으로 틀리다. 그리고 서구인 대부분은 노스님과 잣나무 사이에 공간적 거리가 존재하기는 하지만, 이러한 비인과적 관계는 세상의 움직임과 변화에 아무런 기여도 할 수 없기 때문에 실재하는 관계라고 보지 않는다.

서양의 전통적 견해에 대한 비판

2천년 이상 서구인들의 사고를 지배한 위의 견해는 과학적 사고방식에 익숙한 현대인에게는 설득력이 떨어진다. 데이비드 흄은 기체의 존재를 부정하며 그것을 '불가사의한 괴물'이라고 불렀다. 모양, 색깔, 무게, 단단함 등 경험적으로 확인할 수 있는 여러 속성과는 달리 기체基體는 그 존재를 결코 오감五感으로 확보할 수 없다. 또 아무 속성도 예화되어 있지 않은 기체는 그 존재를 상상할 수도 없기 때문에 우리가 그것의 독립적 존재를 인정하기 어렵다.

흄은 기체가 존재하지 않더라도 속성개별자들이 모여서 이루는 집합이 사물을 구성한다고 보았다. 비유로 설명하기 위해, 동네 친구 여섯이 모여 '독수리배구단'이라는 팀을 만든다고 가정해 보자. 이때 이 팀에 실제로 존재하는 것은 여섯 명의 배구 선수일 뿐, 어떤 불가사의한 기체 같은 것은 없다. 이 여섯이 모여 배구를 즐길 때 우리는 편리상 '독수리배구단'이라는 팀이 게임을 한다고 말로 표현할 뿐이다. 존재하는 것은 선수들과 그들의 플레이일 뿐, 그밖에 '팀'이라는 어떤 형이상학적 대상이 따로 존재하는 것은 아니다. 마찬가지로 (의자의) 모양, 색깔, 무게, 단단함 등의 속성이 모여서 우리가 보통 "의자"라고 편리하게 부르는 물건이 존재하는 것일 뿐, 이 속성들이 닻을 내려야 하는 기체가 따로 존재한다고 볼 이유가 없다.

현대분석철학 주류와 불교의 인명론因明論은 보편자로서의 속성의 존재를 부정한다. 이런 부정을 위해 여기서 굳이 철학적 논변을 소개할 필요는 없겠다. 상식적으로 내가 앉아 있는 의자, 식당의 의자, 강의실의 의자 같은 개별적인 의자가 세상에 실제로 존재하는 것이지, 이것들의 원형으로서의 완벽한 의자의 보편자가 어떤 추상적인 공간에 따로 실재한다고 보기 어렵기 때문이다. 특정한 의자의 모양, 색깔, 무게, 단단함도 이 구체적인 의자에 모양, 색깔 등의 속성이 개별자로서 존재한다고 보는 편이 낫지, 모양이나 색깔의 보편자가 형이상학적 공간에 따로 있고 그것들이 이 의자에 예화되어 있다고 보아주기는 부담스럽다.

그런데 나는 위와 같이 자성을 가진 속성개별자의 존재를 인정하는 현대철학과 불교의 아비달마학파 일부의 견해 역시 옳지 않다고 생각한다. 대승의 관점에서 보는 불교의 연기론으로 그 이유를 밝혀 보겠다. 색깔을 예로 들어 보자. 의자에 닿은 빛, 즉 전자기파의 대부분은 의자 표면에 흡수되고 일정 범위의 빛이 반사되어 우리의 눈을 통과해 망막에 비친다. 망막에 생긴 변화는 신경체계를 통과해 우리의 뇌(의식)에 전달되어 색깔이라는 상으로 해석된다. 현대철학과 아비달마학파 일부는 이렇게 생긴 색깔 개별자가 스스로 내적 속성, 본질, 또는 자성을 가지고 존재한다고 주장하는데, 과연 그렇게 볼 수 있을까? 반사된 빛, 눈의 망막, 그리고 뇌(의식)의 작용과 관련된 무수히 많은 조건이 모두 모여야 색깔의 상이 만들어지는데, 이 색깔이 과연 아무 조건에 의존하지 않고 스스로 고유한 본성(自性)을 가지고 존재하는 실재일까?

나는 그럴 수 없다고 생각한다. 마치 여러 은행에서 갚지도 못할 돈을 빌려 구입한 비싼 자동차가 비록 자기 이름으로 등록되어 있더라도 실제로는 자기 소유일 수 없는 이유와 같다.

무게도 마찬가지다. 무게는 질량에 작용하는 중력에 의존해 상대적으로 그 양이 정해지기 때문이다. 한편 질량도 주어진 특정 배경이론에 의존해서만 그 속성과 양이 결정된다는 점이 질량이 독자적으로 고유한 본성, 즉 자성을 가질 수 없는 이유다. 뉴턴 역학에서의 질량과 상대성이론이 말하는 에너지와 상호 전환될 수 있는 질량은 같은 질량이 아니다. 색깔과 무게 그리고 질량뿐 아니라 의자의 모양과 단단함 등의 속성개별자도 모두 조건에 의해 연기하기 때문에 자성을 가지지 않은 채 그러그러(如如)하게 존재할 뿐이다. 그래서 자성을 가진 속성개별자의 존재에 대한 현대서양철학과 아비달마학파 일부의 주장을 받아들일 수 없다.

관계로서의 연기

지금까지 살펴 본 바와 같이, 기체와 속성보편자 또는 속성개별자의 존재를 받아들여야 성립하는 서양의 전통적 견해는 철학적으로 그 문제점들을 해결할 수 없다. 그래서 이제 나는 이런 문제로부터 자유로운 불교의 연기론으로, 특히 관계로서의 연기의 관점에서 존재세계를 비추어 보겠다.

　신사의 나라라는 영국에 빨강 넥타이를 즐겨 매는 사람이 한 명이라도 있을까? 의복 문화가 상대적으로 보수적이라고는 해도 인구가 6천만 명이 넘는 나라니까 그 많은 사람 가운데 분명 최소한 한 명은 빨강 넥타이를 자주 멜 것이다. 아직까지 이 생각을 한 번도 해 본 적 없어도 우리는 이것이 참이라는 점을 안다. 한 번도 의식의 표면에 떠올리지 않았어도 최소한 잠재적으로는 그렇다고 안다. 나도 물론 그렇다. 그런데 이 빨강 넥타이를 좋아하는 영국인이 방금 교통사고를 당해 사망했다고 가정해 보자. 그렇다면 나는 방금 수만 리 떨어진 나라에 있는 이 사람과 가지고 있던 관계 하나를 잃었다. 방금 전까지 나는 '빨강 넥타이를 즐겨 매는 영국인 한 명'을 수만 리 밖에 가지고 있었는데 이제는 그 사람이 없다. 내가 의식했든 안 했든 그런 관계를 가지고 있었는데 이제는 그 관계가 사라진 것이다. 이 사람의 사망 소식을 직접 전해 듣지도 못했지만, 어쨌든 내게 변화가 일어났다.

위에서 전개한 논점을 한껏 확대해 나가 보면, 나는 우주에 존재하는 모든 것들과 어떤 관계로 연결되어 있음을 깨닫게 된다. 나뿐만 아니라 모든 사람들 그리고 나아가 존재하는 모든 것들이 존재하는 모든 것들과 이런저런 방식으로 연결되어 있다.* 이런 연결된 관계로 존재하는 모든 존재자가 연결된 관계

---

* 물리학자들도 중력/인력과 관련해 이와 유사한 주장을 한다. 뉴튼의 중

로 존재하는 다른 모든 존재자와 또다시 관계를 맺고, 이런 관계맺음의 과정은 무한히 반복된다. 이것이 화엄에서 논하는 법계연기의 중중무진重重無盡한 과정이다.

이제 노스님과 잣나무 이야기로 돌아가 보자. "노스님이 있을 때 잣나무가 있으며, 노스님이 생겨나므로 잣나무가 생겨난다; 노스님이 없을 때 잣나무가 없으며, 노스님이 소멸하므로 잣나무가 소멸한다."는 구절은 이제 위 단락에서의 논의로 알맞게 해석되고 이해될 수 있다. 노스님과 잣나무는 서로 수많은 관계로 연결되어 있다. 시공간 좌표에서 서로의 위치로 맺는 관계, 서로 다른 키와 높이 그리고 무게로 맺는 관계, 서로 주고받는 물질(산소와 이산화탄소)로 생기는 관계, 서로 간에 존재하는 만유인력 등 모두 나열하기가 불가능할 정도로 무수히 많은 관계를 중중무진하게 가지고 있다. 말하자면, 노스님과 잣나무는 서로가 서로의 존재에 들어가 있다(相入). 이렇게 상

력의 법칙에 의하면 질량을 가진 물체들은 서로 끌어당기는 힘(중력/만유인력)을 가지고 있는데, 이 힘은 서로의 질량의 곱에 비례하고 거리의 제곱에 반비례한다. 그래서 비록 그 힘이 극히 미미하지만 서로 우주 반대쪽에 있는 질량이 아주 작은 물체들 사이에도 이렇게 서로 끌어당기는 힘이 존재한다. 그리고 이런 인력은 존재하는 모든 것과 다른 모든 것 사이에 존재한다.

입相入해 있는 노스님과 잣나무가 함께 생성·지속·소멸한다는 점은 쉽게 받아들일 수 있겠다.

혹자는 노스님이 입적入寂하더라도 잣나무는 계속 존재할 텐데 어떻게 둘이 함께 소멸하느냐고 질문할 수 있겠다. 우리는 여기서 노스님 입적 후에도 살아남은 잣나무가 같은 잣나무가 아니라는 점에 주목해야 한다. 노스님의 입적으로 노스님과의 관계가 사라진 다음에는 다른 잣나무가 되기 때문이다. 그래서 노스님의 입적과 동시에 노스님과 수많은 관계로 맺어졌던 그 예전 잣나무도 소멸되는 것이다. 한편 노스님이 사미스님이었을 때 잣나무가 아직 싹이 터 자라나지 않았다면 그때의 스님은 잣나무가 생겨난 다음의 노스님과 같은 스님이 아니다. 그 사미스님은 잣나무가 생겨났을 때 이 잣나무와 맺는 수많은 관계에 의해 새로운 (노)스님으로 다시 태어난 것이다. 이런 의미에서 노스님과 잣나무는 함께 생겨났다.

위에서 인용한 "노스님이 있을 때 잣나무가 있으며, … 노스님이 소멸하므로 잣나무가 소멸한다."라는 구절의 표현이 극적劇的으로 단순화되어 있어서 알쏭달쏭하게 들릴 수도 있겠지만, 나는 우리가 관계로서의 연기를 이해한다면 긍정적으로 해석하고 받아들일 수 있는 진리라고 생각한다.

현대물리학과 관계의 형이상학(The Metaphysics of Relations)

지난 10여 년 동안 형이상학자들과 과학철학자들은 주로 양자 역학의 연구결과를 이용해 '관계의 형이상학(the metaphysics of relations)'을 발전시켜 왔다. 학자들이 양자역학을 해석하는 방식은 다양하지만, 소립자의 속성은 다른 속성과의 관계에 의해서만 이해되고 의미가 있다는 점에는 거의 모두가 동의한다. 이때 우리의 주의를 끄는 것은 속성들 사이의 수학적 관계이다. 소립자들의 세계에서 인과의 존재에 대해 근본적인 회의를 불러일으키는 현상이 많이 보고되어 오다 보니 미시세계에서는 인과연기가 아니라 수학적으로 기술되는 관계연기로 법칙적 규칙성을 표현하는 데 더 주목하고 있다. 우리에게 잘 알려진 양자 얽힘(quantum entanglement)의 현상도* 인과연기로는 설명하기 어려워 일종의 관계연기로 보아야 할 것 같다.

그런데 입자의 모든 속성이 다른 속성과의 수학적 관계를 통해서만 그 존재의 의미가 부여된다면, 입자의 개별적 존재는 어떻게 이해해야 할까? 우리는 위에서 데이비드 흄이 속성이 모여 있는 기반으로서의 기체란 불가사의한 괴물로서 그런 것

---

* 쌍을 이루는 입자들이 서로가 우주의 반대편에 존재해도 항상 동시에 움직이고 변화하는 현상.

은 존재하지 않는다고 보아야 한다고 주장했음을 살펴보았다. 불교도 이런 괴물의 존재를 인정하지 않는다. 그런데 미시세계라고 해서 속성들을 여럿 붙잡아 하나의 입자의 속성들로 묶어주는 어떤 기체基體가 있다고 보아야 할까? 우리가 위의 독수리배구단의 예에서 보았듯이, 이런 기체가 없이도 속성들끼리 서로 밀접하게 관계하며 모여서 구성하는 것이 우리가 편의상 "입자"라고 부르는 어떤 가상의 대상이라고 보는 편이 낫지 않을까? 그래서 일부 학자들은 입자에 관한 모든 것을 수학적 관계로 파악되는 속성들을 통해 이해해야 하며 따라서 입자의 어떤 존재적 밑바탕 같은 것을 따로 상정할 이유가 없다고 주장하고 있다.

그런데 이렇게 입자를 구성하는 속성개별자들 각각은 그 존재양식을 어떻게 이해해야 할까? 위에서 현대철학의 속성개별자와 아비달마학파 일부의 다르마가 대승의 관점에서 본 연기론에 의해 자성을 가질 수 없다는 점을 살펴보았다. 미시세계의 속성개별자라고 해서 예외가 되지는 않을 것이다, 즉, 이것들도 자성이 없어서 공空하다고 보아야 할 것이다. 입자의 모든 속성이 다른 속성과의 수학적 관계에 의해서만 이해되고 또 그것에 존재의 의미가 부여된다. 그래서 어떤 학자들은 미시세계의 모든 것을 수학적 관계로 환원해야 한다고 주장하기도 한다.* 나는 관계연기의 중중무진을 설하는 화엄의 법계연기를 받아들이는 신심信心 깊은 불자 물리학자들이 이러한 이론적 작업을 멋지게 완성할 날을 기다리고 있다.

---

* 이 주장은 많은 비판에 직면해 있다. 비판자들은 우리의 존재세계는 근본적으로, 구체적으로 존재하는 어떤 물질의 세계이지 추상적인 수학의 세계가 아니라면서 철두철미한 환원주의적 관계의 존재론에 반대하고 있다.

4장

공空

연기와 공

나가르주나는 그의 『근본중송』에서 '연기가 공'이라고 주장한다. 연기가 공이라는 그의 말은 대승 전통의 불자라면 누구나 한 번쯤은 들어보았을 만한 명제이다. 이것은 실은 만물이 조건에 의해 생성·지속·소멸하기 때문에 자성自性을 결여하고 있다는, 즉 만물이 공空하다는 가르침이다. 대승의 모든 전통이 이런저런 방식으로 공空을 받아들이고 있다는 점에는 이론異論이 없다.

그런데 만물이 연기한다고 해서 왜, 그리고 어떻게 자성을 결여할까? 이것은 공空을 공부하기 위해 반드시 짚고 가야 할 질문이다. 나가르주나는 『근본중송』에서 '연기'의 개념으로부터 '공'의 개념을 직접적으로 도출하지 않고 귀류법(歸謬法, reductio ad absurdum)을 통한 논증으로 그의 주장을 간접적으로 전개한다. 우리가 만약 사물이 자성을 가지고 실재한다고 가정하면 결코 받아들일 수 없는 결론에 이르기 때문에, 이런 가정을 부정하여 어느 것도 자성이 없이 공空하다고 보아야 한다는 것이다. 이와 같은 귀류법의 논증 구조는 비교적 단순하다. 예를 들어 "이 낙서가 예술작품이라면 기차바퀴는 네모다."라는 농담도 귀류법을 사용하고 있다. "기차바퀴가 네모다."라는 엉터리 결론이 "이 낙서가 예술작품이다."라는 가정으로부터 도출된다면, 이것은 그 가정에 문제가 있다는 논리적 증거다. 그래서 그 가정의 부정 즉 반대가 옳은 주장이 된다. 따라서 우리는 "이 낙서는 예술작품이 아니다."고 받아들여야 한다는 것이다.

귀류법은 철학적으로 난해한 문제를 다루기 위해 유용한 논증법이지만, 나는 다음과 같이 직관적으로, 더 직접적인 논증으로 '연기가 공'이라는 명제에 접근하기를 좋아한다. 만물은 조건에 의해 생성 및 지속하기 때문에 어느 것도 스스로 존재하지 못한다. 뜰 앞의 저 잣나무를 보라. 먼 옛날 저 나무를 싹틔운 씨가 만들어지기까지 얼마나 많은 조건이 모이고 흩어졌을까. 그 싹이 오늘날 저 큰 잣나무로 자라기까지 또 얼마나 많은 조건이 모이고 흩어졌을까. 그리고 지금 현재도 수많은 조건이 받쳐주지 않는다면 저 잣나무는 저렇게 서 있을 수 없을 것이다. 저 잣나무의 어느 한 작은 부분도 잣나무 스스로부터 생겨난 것은 없고 모두 다른 것들로부터 왔다―물, 햇빛, 땅속의 여러 원소, 바람을 타고 묻어 온 이러저러한 것들 등―. 이 모든 조건들 외에 이 나무 스스로부터 생겨난 것은 하나도 없다. 저 잣나무 옆의 바위도 마찬가지다. 그 바위의 어느 한 부분도 스스로부터 나온 것은 없다. 그밖에 이 세상 모든 것이 다 마찬가지다. 어떤 것도 스스로부터 생겨난 것은 없고, 그것의 모든 부분은 다른 것들로부터 왔다.

그런데 이 세상 어느 것도 스스로 생겨나 스스로 존재하지 못한다면, 그것이 스스로를 스스로이게끔 해 주는 속성 또는 본성, 즉 자성을 가질 수 있을까? 그럴 수 없다는 점은 분명하다. 이는 마치 무일푼인 사람이 여러 은행으로부터 돈을 빌려 자기 옷 주머니에 채워 놓고 좋아한다고 해서 그를 부자라고 볼 수 없는 것과 같다. 스스로 존재하지 못하면서, 즉 자재自在하지 못하면서 자성自性을 가질 수는 없다.

위 두 단락의 논의를 다음과 같이 정리해 보겠다.

(1) 조건에 의존해서, 즉 연기하면서 존재하는 것은 스스로 존재(自在)할 수 없다.

(2) 스스로 존재할 수 없는 것은 스스로를 스스로이게끔 해 주는 자성自性을 가질 수 없다.

(3) 모든 사물은 연기한다.

그러므로

(4) 모든 사물은 자성을 결여하고 있다. 즉 모든 것이 공空 하다.

이것이 '연기가 공'이라는 나가르주나의 유명한 명제를 설명하기 위해 내가 제시하는 논증이다. 나는 내 증명방식이 나가르주나의 귀류법보다 직관적으로 더 가까워서 좋다고 생각한다.

한편 위의 내 논의와 관련해 "자성自性(svabhāva)"이라는 단어가 가진 두 의미에 주목할 필요가 있다. "bhāva"라는 말은 원래 본성(性)뿐 아니라 존재(在)도 뜻한다. 그래서 "svabhāva"는 '스스로의 본성, 즉 자성'뿐 아니라 '스스로의 존재, 즉 자재自在'도 의미한다. 나는 위에서 스스로 존재할 수 없는 것이 스스로의 본성을 가질 수는 없다는 철학적 주장을 폈는데, 어찌 보면 이런 통찰은 이미 "svabhāva"라는 단어가 '자성'과 '자재'를 동시에 의미한다는 점에도 깃들어 있다고 볼 수 있는 것 같다. 17세기 데카르트의 "나는 생각한다, (즉) 나는 존재한다."는 유명한 명제도 같은 맥락에서 이해할 수 있다. 데카르트는 생각함이 스스로의 본질(自性)임을 파악하고서 그것을 스스로의 존재(自在)의 근거로 삼았는데, 여기서 데카르트는 생각함 그 자체(自性)를 스스로의 존재(自在)와 동일시하고 있는 셈이다. 본질과 존재(實在) 또는 자성과 자재 사이의 불가분의 관계에 대한 철학적 통찰이 흥미롭다.

자성 또는 자재의 결여, 즉 공空함과 관련된 논의를 더 진행해 보자면, 우리는 엄밀히 말해 '자성을 결여하여 공한 것'에서 그런 '것'조차 실은 존재할 수 없다는 점을 깨닫게 된다. 스스로를 스스로이게끔 해 주는 본성이 결여되어 있는 상태에서도 존재하는 것이 있다면, 그런 '것'은 과연 무엇일까? 그 '것'은 앞 장들에서 논의한 바와 같이 여러 속성을 도망가지 못하도록 묶어주고 있다는 어떤 기체基體인가? 그러나 우리는 이미 그런 기체의 존재를 인정하기 곤란하다는 논의를 충분히 살펴보았다. 그래서 우리가 '모든 것이 공하다'고 할 때는, 실제로 우리가 그런 '것'의 존재를 인정하지 않지만 논의의 전개를 위한 방편으로 그런 '것'의 존재를 일단 가정할 뿐이다. 엄밀히 말하자면 그런 '것'조차 존재하지 않는다. 육조 혜능이 말했듯이, 본래

한 물건도 없다(本來無一物).

모든 것이 자성이 없어 공空하다는 점은 실은 '자성'의 개념을 철학적으로 분석하기만 해도 알 수 있다. 자성이란 어떤 것을 그 스스로이게끔 해주는 내적인 본성(intrinsic nature)이다. 이것은 그것의 밖에 존재하는 것과 그 속성에 의해 좌우되지 않고 스스로 내적으로 존재한다. 여기서 우리는 질문해야 한다. 이 내적인 본성이라는 자성은 어떻게 생겨났을까? 자성이 그것의 밖 어떤 것의 존재와도 상관없이 스스로 내적으로 존재한다면, 자성이 다른 것과의 상호작용에 의해 생겨나지는 않는다는 뜻이다. 왜냐하면 다른 것에 연기해서 생겨난다면 그것은 공空할 수밖에 없기 때문이다. 그러면 그것이 생겨날 수 있는 길은 오직 그 자신으로부터 생겨나는 것밖에 없다. 그러나 이 길은 논리적으로 다음과 같은 패러독스에 빠지게 된다. 나는 이것을 '자기기원의 역설(the paradox of self-origination)'이라고 부른다.

자성이 스스로부터 기원한다면 그것은 스스로 생겨날 때 존재하고 있거나 존재하지 않는다.

(1) 자성이 자기기원 당시 존재한다면, 이미 존재하고 있는

것이 생겨날 수는 없으므로, 자성의 자기기원은 불가능하다.

(2) 자성이 자기기원 당시 존재하지 않는다면, 아무것도 무無로부터 나올 수는 없으므로, 자성의 자기기원은 불가능하다.

(1)과 (2)로부터 자성의 자기기원은 불가능하다.

그런데 자기기원이 불가능하다면 자성은 어떻게 존재하게 되었을까? 자성이 자기기원하지 않았음에도 불구하고 실제로 존재한다면 그것은 아마도 자성이 무시無始로부터 언제나 존재해 왔기 때문일 것이다. 그런데 이 답변은 또 다른 문제를 낳는다. 자성이란 다른 것들과의 외적인 관계없이 스스로 존재하는 내적 본성이다. 이것은 주어진 어떤 것을 동일한 그것이게끔 해 주는 속성이다. 그런데 동일한 것을 동일하게 해 주는 속성은 불변하는 속성이다. 이것이 변한다면 동일한 것이 동일하게 남아있을 수 없기 때문이다. 그리고 어떤 것이 불변한다면 그것은 파괴될 수도 없다. 모든 파괴는 변화가 있어야 가능하기 때문이다. 그래서 불변하면 불멸不滅이고, 불멸한 것은 영원하다.* 그러나 불변하고 불멸하는 자성의 존재를 받아들인다면 우리는 나가르주나가 『근본중송』에서 반복해서 보여주며 바로 잡으려 한 잘못된 결론에 빠지게 된다.

이제 나가르주나가 『근본중송』에서 논의한 인과의 예를 살펴보면서 이 문제를 검토해 보자. 이 논증은 만약 원인과 결과가 불변하는 자성을 가지고 존재한다면 인과에서 아무런 변화가 생겨날 수 없을 것이기 때문에 변화가 있어야 가능한 인과라는 현상이 존재하지 않는다고 보아야 한다는 곤란한 결론에 이른다는 점을 보여준다. 그래서 원인과 결과가 자성을 가질 수 없다고 보아야 한다는 논증이다.

인과란 한 사건(event)과 다른 사건 사이에 존재하는 어떤 무엇인데, 나가르주나는 한 물체(object)와 다른 물체 사이의 관계도 인과로 보고 논의를 전개했다. 위대한 철학자였지만 사고思考가 덜 세련되었던 그 옛날에 살았기 때문에 생긴 오류로 이해해 주면서 그의 논증을 살펴보자. 먼저 인과에서 원인과 결과가 각각 자성을 가지고 실재한다고 가정해 보자.** 예를 들어

---

* 힌두교에서 말하는 아뜨만 그리고 기독교의 영혼은 주어진 인격체를 언제나 동일한 그 인격체로 만들어 주는 자성自性 내지 자재自在와 같은 것인데, 이와 같이 불변의 정체성을 가진다고 보면 아뜨만이나 영혼이 불멸이고 영원히 존재한다고 믿게 된다.

** 이것은 귀류법에서 나중에 잘못된 결론을 초래하는 책임을 지고 부정否

원인으로서의 콩이 결과로서의 콩나물을 만들어 낸다고 해 보자. 그렇다면 결과로서의 콩나물은 원인으로서의 콩 안에 이미 존재하거나 존재하지 않거나 둘 중에 하나다.

(1) 콩나물이 콩 안에 이미 존재한다면 인과가 성립되지 않는다. 왜냐하면 결과가 새로 나와야 인과인데, 결과가 이미 원인 안에 존재한다면 인과라고 볼 이유가 없기 때문이다.
(2) 콩나물이 콩 안에 존재하지 않아도 인과관계를 설명할 수 없다. 왜냐하면 콩나물이 콩 안에 없다면 콩나물이 바위나 나무 또는 연못에서는 나오지 않고 콩에서만 나온다는 점을 설명할 수 없기 때문이다.

(1)과 (2)로부터 콩과 콩나물이 자성을 가지고 실재하는 원인과 결과라면 인과因果가 성립할 수 없고 또 우리가 인과를 설명할 수도 없다는 난감한 문제가 드러난다.

우리는 존재세계의 사물이 그 조건이 모이고 흩어짐에 따라 끊임없이 생성·지속·소멸하고 있다는 점을 알고 있다. 말하자

定당하게 만들기 위한 가정일 뿐이다.

면 우리가 통상 인과라고 보는 그러그러(如如)한 현상이 계속 일어나고 있고, 우리는 결코 이것을 부정할 수 없다. 따라서 우리는 원인과 결과에 자성이 있다고 본 처음의 가정이 잘못되었다는 점을 인정해야 한다. 그래서 귀류법에 따라 원인과 결과에 자성이 없다고 결론지어야 한다. 이때 자성이 없다는 말은 물론 공空하다는 말이다. 이 세상은 자성 없이 공空한 조건들이 끊임없이 모이고 흩어짐에 따라 공한 사물이 언제나 그러그러(如如)하게 생성·지속·소멸하는 과정으로 되어 있다. 이 논증이 우리에게 주는 통찰은 조건이 모이고 흩어짐에 따라 생기는 이 세상 모든 인과현상에 그대로 적용된다. 그런데 우리의 세계 특히 물리세계에서 인과의 결과물로 생기지 않은 존재자가 있을까? 그런 것들은 아마도 없을 것이다. 그래서 우리는 인과의 결과로 생겨 존재하는 이 세상의 모든 산출물(product)은 모두 자성이 없어서 공하다는 점에 주목해야 한다.

실은 나가르주나가 애용한 귀류법을 사용하지 않고서도 우리 일상에서 사물이 자성을 결여해 공하다는 점을 보여주는 예는 얼마든지 있다. 우리가 앉아 있는 의자를 보자. 의자를 의자이게끔 해 주는 내적인 본성, 즉 자성이 있다면 그것은 무엇일까? 다리가 네 개가 있어야 하는가? 그렇지 않다. 둥근 원통형의 의자도 있고 다리가 세 개 또는 다섯 개 이상 있는 의자도 있다. 재질이 나무로 되어 있어야 하는가? 아니다, 나무가 아니라 플라스틱, 금속, 심지어는 유리로 된 의자도 있다. 특정한 모양으로 되어 있어야 하는가? 그렇지도 않다. 우리는 온갖 다양한 형태로 만들어진 의자들을 무수히 보아 왔다. 아무리 살펴보아도 의자를 의자로 만들어 주는 내적 본성 또는 자성은 찾을 수가 없다.

그렇다면 '의자는 사람이 앉을 수 있는 가구의 한 종류'라는 속성을 부여해 의자를 정의하면 어떨까? 그럴 듯한 시도이지만 일단 이 속성은 내적(intrinsic)이 아니라 다른 것들(사람들과 가구)과의 관계에 의해 형성된 외적(extrinsic)인 것이다. 이렇게 외적으로 이루어진 관계적 속성은 상황에 따라 얼마든지 변할 수 있기 때문에 주어진 의자를 의자이게끔 해 줄 수 없다. 즉 그 의자의 자성이 될 수 없다. 나무로 되어 있는 평범한 의자는 누군가 앉아 있을 때는 의자라고 보이겠지만, 만약 추운 겨울에 땔감이 없어서 이 의자를 벽난로에 집어넣어 태운다면 그것은 의자가 아니라 땔감이 된다. 한편 크게 화가 난 건장한 사람이 이 의자를 들어 어떤 사람에게 던진다면 그것은 무기 또는 흉기이지 더 이상 의자가 아니다. 또 의자를 여럿 잘 쌓아 어떤 건축 구조물을 만든다면 그것이 건축 재료가 될 수도 있다. 이런 이유들 때문에 그 의자가 외적으로 맺는 관계는 결코 그것의 자성이 될 수 없다.

지금까지 우리 물리세계에 존재하는 모든 것은 인과현상의 산물이기 때문에 그것이 내적인 본성, 즉 자성을 가질 수 없어서 공空하다는 점을 집중적으로 살펴보았다. 그런데 한편 시간적 선후관계를 포함하는 인과로 되어 있지는 않지만 우리가 연기적 의존관계에 있다고 보는 부부, 사제師弟, 부모와 자식, 동서남북, 상하좌우, 전후, 선악 등의 개념과 이 개념들이 포섭하는 대상들 사이의 관계에서도 우리는 이 각각이 모두 공空함을 쉽게 볼 수 있다. 예를 들어 남편에게 그 스스로를 남편이게끔 해 주는 내적인 본성, 즉 자성이 있다면 남편은 아내가 존재하지 않아도 남편일 수 있어야 한다. 선생 또한 학생 없이 선생일 수 있어야 하고, 앞은 뒤가 없이도 앞일 수 있어야 한다. 그러나 우리는 이 모두가 전적으로 불가능하다는 점을 잘 알고 있다. 무엇보다 먼저, 이 가운데 어느 것도 상대되는 것과 독립해서는 존재할 수 없다는 점이 분명하다. 스스로 존재하지도 못하는 채로 스스로를 스스로이게끔 해 주는 자성을 가질 수는 없다. 개념이든 아니면 그 개념이 포섭하는 대상이든 비非인과적 의존관계로 연기하는 것은 모두 자성을 결여하여 공할 수밖에 없다. 그리고 이렇게 개념들이 서로 논리적으로 연결되고 의존하여 형성하는 모든 이론의 체계도 공하다. 결국 제법개공諸法

皆空이다 – 이것은 아무리 도전해 보아도 결국 받아들일 수밖에 없는 진리인 것 같다.

공空의 실체화는 오류

만물은 조건에 의해 생멸하기 때문에 아무것도 스스로 실체로 존재할 수 없고 따라서 스스로의 본성, 즉 자성을 가질 수 없다. 그래서 사물이 '스스로의 내적 본성을 가질 수 없음', 즉 '자성을 결여함'이라는 의미로 '공空'이라는 말이 만들어졌다. '사물이 공空하다'는 말은 사물이 자성을 결여한 채로 존재하는 양상(mode)에 대한 표현 또는 기술이다. 그런데 대승의 전통은 이렇게 존재의 양상에 대한 표현에 불과한 공을 마치 신비한 본성을 가지고 사물 안에 실재하는 어떤 참된 존재로 오해한 기록으로 점철되어 있다.

비유로 이 문제를 설명해 보겠다. 어떤 사람의 얼굴이 역삼각형 모습이라면, 이런 모습이 그 사람 얼굴이 존재하는 양상이다. 그렇지만 우리는 그 사람 얼굴에 역삼각형이 실재한다거나 이 역삼각형이 그 얼굴의 참된 본성이라고 간주하지는 않는다. 만약 누군가가 그렇게 생각한다면 그는 양상을 실체로 잘못 본 실체화의 오류(fallacy of reification/hypostatization)을 범하는 것이다. 이는 철학자들이 경고해 온 금기禁忌이다. 마찬가지로, 사물이 자성을 결여한 채 존재한다는 존재양상에 대한 표현인 공空을 사물 안에 존재하는 진정한 실재實在 또는 실체實體로 본다면 이것은 심각한 오류이다. 그런데 대승의 역사에서 이런 오류가 범해져 왔다는 사실을 부인할 수 없어 당황스럽다.

불교계에서 흔한 "진眞"자나 "참"자가 들어간 말은 모두 공空을 실체화한 오류로부터 비롯되었는지도 모른다. "진공眞空"이라는 용어가 이런 오류를 범하고 있다는 점은 위의 논의로부터 짐작할 수 있다. 그리고 진아眞我, 진여眞如, 참나, 참마음 등 "진眞"자와 "참"자가 붙은 불교 용어는 모두 동일한 오류를 범하고 있다고 보아도 별 무리가 없을 듯하다. 여기서 한 걸음 더 나아가 보면 불성과 여래장 사상 또한 같은 실체화의 오류를 범했다는 의심을 거둘 수 없게 된다. 일본의 비판불교는 대승의 여러 전통이 은연중 브라만이나 아뜨만과 같은 실체를 '진공'이나 '참나'와 같은 이름으로 도입해 불교를 힌두교처럼 기체론(dhatuvada)으로 변질시켰다는 논점을 제기해 왔는데, 이에 대해 대승 전통에서 제대로 반박하지 못하고 있는 형편이다.

공空을 그 원래의 술어(predicate) 용도로 돌려 '~이 공하다'는 표현으로 즉 '~이 자성을 결여하다'라는 의미로 이해하면 아무런 철학적 문제가 없다. 그러나 이것을 군이 명사화시켜서 '공'이라는 이름을 만들어 놓고서는 존재세계에 이것에 해당되는 실체가 존재한다고 여기는 것은 명백히 실체화의 오류를 범한다.

공空의 패러독스

나가르주나는 그의 『근본중송』에서 "공도 공하다."라고 말하며 공에도 집착하면 안 된다는 듯한 말을 써 놓았다. 아마도 대승 초기에 공 사상이 무척 유행했나 보다. 사람들이 얼마나 공을 찾았으면 '공병空病'이라는 말까지 생겼을까. 후세의 해설가 찬드라키르티도 위장약 과용의 예를 들며 공에 대한 과도한 집착을 경계했다. 어떤 이가 위장병으로 고생하다가 한동안 약을 복용해 병이 다 나았다. 그런데 완치된 다음에도 그치지 않고 위장약을 계속 먹는다면 이 사람은 그 약 때문에 새로 병을 얻게 될 것이다. 위장약은 병을 치료하는 만큼만 쓰고 끊어야 한다. 마찬가지로 공의 가르침도 사물에 자성이 있다는 본질주의적 주장을 반박하여 그 잘못된 점을 고쳐주는 일종의 해독제(antidote) 용도로 써야 한다. 그런데 독毒이 제거된 다음에도 이 해독제를 계속 복용하면 해독제 자체가 새로 독이 되고 말 것이다. 공병空病이나 공의 실체화의 오류는 이렇게 비롯되었을 것이다.

나가르주나는 공 자체에도 집착하면 안 된다는 의미에서 '공도 공하다'고 했겠지만, 이 문장을 엄밀히 분석해 보면 우리가 이런 표현은 피해야 한다는 점을 깨닫게 된다. 그렇지 않으면 내가 '공空의 패러독스'라고 이름 붙인 다음과 같은 문제가 발생하기 때문이다.

공은 그 스스로 공하거나 공하지 않다.
(1) 공이 공하다면, 자성을 결여함이 스스로 자성을 결여한다는 것이므로 자성을 결여하지 않는다. 즉 공하지 않다.
(2) 공이 공하지 않다면, 자성을 결여함이 스스로 자성을 결여하지 않는다는 것, 즉 자성이 있다는 것이므로 자성을 결여한다. 즉 공하다.

그래서 공이 공하면 공하지 않고, 공하지 않으면 공하다. 이것이 내가 말하는 공의 패러독스다. 철학에서는 어떤 가르침이 이렇게 패러독스를 도출한다면 그것을 받아들이지 않는데, 우리가 공과 관련해 이런 문제를 피하려면 공의 관점을 공 자체에 적용하면 안 된다. 나가르주나의 "공도 공하다."는 표현은 이론적으로 받아들일 수 없는 문제를 초래하기 때문에 철학적으로는 피해야 할 문장이다. 영미권英美圈에서는 20세기 초반에 이런 문제를 해결하기 위한 열띤 철학적 논의가 있었다.* 우리는 공을 실체화해도 안 되지만 공에 대해 공의 관점을 적용해도 안 된다. 공의 가르침은 그저 자성의 존재를 부정하는 그러그러(如如)한 진리로 받아들여 본질주의에 대한 해독제로서만 써야 한다. 그리고 거기서 멈춰야 한다. 생각을 멈춰야 할 때는 멈출 줄 알아야 지혜롭다. 공空에 대한 생각도 예외가 아니다.

비유비무非有非無

만물이 조건에 의해 연기하기 때문에 스스로 존재하는 실체로 실재할 수 없어서 내적 본성, 즉 자성을 결여할 수밖에 없다는 것이 공空의 가르침이다. 그래서 아뜨만이나 브라만처럼 영구불변불멸의 본성을 가지고 실체로서 상주常住하는 것은 존재하지 않는다(非有). 이 가르침은 불교를 기독교, 회교, 그리고 힌두교와 같은 다른 세계 종교와 구별해 주는 가장 분명한 기준이다. 영원히 불변불멸한 신神과 영혼의 존재를 받아들이는 데서 출발하는 다른 종교의 가르침과 비교해 볼 때, (신과 영혼을

---

* 이 문제의 해결을 위한 대표적인 논의는 영국 철학자 버트런드 러셀이 제시한 유형이론(type theory)이다. 나는 『월간 불광』 2018년 12월호에 발표한 「연기의 패러독스」에서 이와 관련해 자세한 논의를 전개했기 때문에 이곳에서 그 논증을 다시 소개하지는 않기로 한다.

포함해) 만물의 연기와 공을 주장하는 불교의 가르침은 가히 혁명적이라고 할 수 있다. 그래서 이런 이유로도 더욱더 공을 아뜨만과 같이 항구 불변의 실체나 기체로 생각하는 대승 전통 일부의 주장을 받아들일 수 없다. 불교는 상주론常住論이 아니다.

한편 공의 가르침은 서양철학사상 수천 년을 풍미했던 보편자(universal) 실재론(realism)이 아니라 보다 현대적인 유명론(唯名論, nominalism)을 지지해 준다. 보편자 실재론이란 플라톤의 이데아론이 보여 주듯이 완벽한 삼각형, 완전무결한 아름다움과 정의正義, 절대적인 크기와 같이 모든 사물과 속성의 원형으로서의 이상적인 보편자들이 독립적인 실체로서 자성을 가지고 신들이 사는 세계 또는 어떤 완벽한 형이상학적 공간에 영원 불변불멸하며 존재한다는 것이다. 그런데 이런 보편자들은 조건에 의해 생멸하지도 또 자성을 결여하지도 않기 때문에 연기와 공의 가르침을 받아들이는 불교에서는 그것들의 존재를 받아들일 수 없다. 이에 반해 유명론은 이런 보편자들이 실재하지 않고 우리가 단지 그런 것들의 이름만을 가지고 사용할 뿐이라는 견해다. 그래서 우리가 연기와 공의 논점을 받아들인다면 실재론을 배척하고 유명론을 선택하는 것이 자연스럽다. 이와 같은 불교의 보편자 유명론은 기원 후 5세기에서 8세기까지 인도에서 디그나가와 다르마키르티에 의해 주도된 인명론에서도 나름대로의 방식으로 제시되었다. 그리고 20세기 이후 영어권의 현대분석철학에서는 보편자 유명론이 압도적인 지지를 받아왔다.

사물이 아뜨만과 같은 자성을 가지고 상주하지는 않지만(非有), 그렇다고 해서 전혀 존재하지 않는 것도 아니라는 것이 (非無) 대승의 공의 가르침이다. 한자 문화권에서 불교의 공空과 무無가 마치 같은 개념인 것처럼 두 단어를 섞어 쓰는 경우를 보았는데, 그토록 중요한 공의 개념을 뚜렷한 비판적 검토도 없이 무와 섞어 쓰는 것은 철학적으로 무책임하다. 공은 무가 아니다. 만약 공의 가르침이 어떤 것도 존재하지 않는다는 주장이라고 오해한다면 이는 공 사상을 단멸론斷滅論으로 본다는 것인데, 단멸론은 논리적으로도 이치에 맞지 않는 주장이다. '어느 것도 존재하지 않는다'는 주장이 옳으려면 최소한 '어느 것도 존재하지 않는다'는 주장이 존재해야 하기 때문에 '어느 것도 존재하지 않는다'는 단멸론은 옳을 수 없다.

한편 위에서 예로 든 러셀의 유형이론에 따라 '아무것도 존재하지 않는다'는 주장을 그 주장 자체에 적용하는 것을 피한다고 해도, 우리가 어떤 것도 존재하지 않을지도 모른다고 회의하는 한 그 회의하는 의식은 존재할 수밖에 없다. 데카르트가 이미 그의 방법론적 회의 과정에서 논증했듯이, 의식이 존재하지 않는다면 회의할 수도 없기 때문이다. 그래서 단멸론은 결코 옳을 수 없는 주장이다. 이런 이론적인 이유를 떠나서도, 단멸론은 우리 일상 경험과 맞지 않는다. 예를 들어, 우리가 아침에 잠자리에서 일어나 눈을 뜨자마자 우리 의식에 현란한 파노라마처럼 펼쳐지는 이 경험세계가 전적으로 무無의 세계라는 주장은 설득력이 없다. 평생 깨어 있는 모든 순간순간 우리 의식에 펼쳐지는 이 경험세계를 전혀 존재하지 않는다고 믿으며 사는 삶은 결코 건강할 수도 또 성공적일 수도 없다.

묘유妙有

만물은 상주常住하지도 않고 단멸斷滅하지도 않아서 묘妙하게 존재한다는 유명한 명제로 "비유비무非有非無 묘유妙有"가 있다. 지난 천여 년 동안 공을 논하는 동아시아 대승의 전통에서 가장 많이 입에 오르내렸을 법한 구절이다. 그러나 이 문장을 철학적으로 분석해 보면 그토록 오랫동안 애송되어 온 이 여섯 글자로 된 문장에 여러 논리적 문제가 있음을 발견하게 된다.*

---

* 내가 2016년 초반 깨달음 논쟁이 한창일 당시 인터넷 매체 미디어붓다에 발표한 「비유비무 묘유의 서양철학적 분석」에 이와 관련된 논의가

특히 이 문장은 사물이 구체적으로 어떻게 존재한다는 설명 없이 단지 묘妙하게 존재한다고만 말하고 있어서 만물의 존재 방식에 대한 설명으로는 그다지 만족스럽지 못하다. 이 문제를 서양철학사에서의 예를 살펴보며 논의해 보겠다.

17세기에 서양근대철학을 주도한 데카르트와 로크는 모든 물체가 작은 입자들로 구성되어 있다고 생각했다. 특히 로크는 이런 작은 물체가 가진 모양, 단단함, 속도, 크기 등의 객관적인 물리적 속성에 의해 우리 감각 경험의 내용이 결정된다고 보았다. 예를 들어 둥근 입자들로 되어 있는 음식이 혀에 닿으면 우리가 단맛을 느끼고, 정육면체 입자들에는 쓴맛, 그리고 세모꼴 입자들에는 신맛을 느낀다는 식이다. 맛뿐만 아니라 눈으로 보는 물체의 색깔도 눈에 들어오는 작은 입자들의 모양이나 속도 등에 의해 결정된다고 보았다. 이것은 소리나 냄새 그리고 촉감의 경우에도 그대로 적용된다. 오늘날 우리가 이해하는 감각경험의 속성과 별 차이가 없는 설명이다.

그런데 이렇게 오감五感에 나타나는 세계의 모습은 그 진정한 모습이 아니다. 우리는 눈으로 입자들을 하나하나 볼 수조차 없다. 우리 의식에 떠오르는 것들은 단지 감각기관이 받아

있다.

들인 정보내용을 의식이 나름대로 해석해서 만들어 놓은 색성향미촉色聲香味觸이 구성하는 현상(phenomena)일 뿐이다. 이런 현상은 우리 인식주관과 세계가 상호작용하면서 생겨난 결과일 뿐, 세계의 실제 모습을 그대로 반영하지 않는다고 이해되었다. 이렇게 색성향미촉으로 구성된 현상이 존재하는 방식이 실로 묘妙하다. 그것들은 이 세계에 실체로서 독자적으로 존재하지 않는다. 그러나 그것들의 존재가 우리 의식 속에 반영되기 때문에 전적으로 존재하지 않는 것도 아니다. 그래서 그것들이 실재하는 존재(有)는 아니지만 그렇다고 비非존재(無)도 아니다(非有非無). 존재도 비존재도 아닌 채 묘妙하게 존재한다(妙有). 이와 같이 우리가 경험하는 세계는 색성향미촉으로 구성되어 드러나는 현상의 세계이다. 불교에서 전통적으로 말하는 환幻의 세계이다.*

그런데 만물이 조건에 의해 생성·지속·소멸한다고 보는 불교에서는 데카르트와 로크가 자연세계에 실제로 존재한다고 본 작은 입자들마저도 자성을 가지지 못하여 공하다고 판단한다. 우리의 감각이 미치지 못하는 소립자들도 연기의 그물 안

---

* 이 단락에서의 설명을 '비유비무非有非無 묘유妙有에 대한 인식론적 논증'으로 불러봄직하다.

에 존재할 수밖에 없기 때문에 자성을 가진 실체로 존재할 수 없다. 그러나 그렇다고 해서 입자들이 전혀 존재하지 않는 것도 아니다. 입자와 그 속성은 다른 입자들 및 속성들과 서로 맺는 관계 아래서 자성을 결여한 채 묘妙하게 존재한다. 말하자면, 공한 현상으로 존재한다. 이와 같이 입자들의 세계에서도 비유비무非有非無 묘유妙有의 진리가 성립한다. 한편 이런 작은 입자들이 부분을 이루며 모여서 구성되는 집합체도 묘妙하게 존재한다. 집합체 또는 전체는 부분들로부터 벗어나 독자적으로 존재할 수는 없지만 그렇다고 해서 전혀 존재하지 않는 것도 아니기 때문이다. 그래서 입자들과 입자들이 모여 만들어진 모든 물체는 비유비무非有非無 묘유妙有인 것이다.[**]

공과 쓸모 있는 허구(useful fiction)

나는 앞에서 우리의 경험세계가 감각대상과 감각기관 그리고 의식의 상호작용의 결과로 생겨난 현상이나 환幻의 세계로 이해된다고 논의했다. 연기의 일종인 이런 상호작용의 결과물은 자성을 결여하여 공하다. 그래서 경험세계에 존재하는 모

[**] 이 단락에서의 설명은 '비유비무非有非無 묘유妙有에 대한 존재론적 논증'이다.

든 사물은 우리 인식의 측면에서 볼 때 필연적으로 일종의 허구로 받아들여질 수밖에 없다. 한편, 우리의 감각이 접근할 수 없는 미시세계의 소립자들도 각각 연기하면서 존재하기 때문에 모두 공한 존재자들이다. 유명론의 현대적 버전인 과학철학에서의 도구주의(instrumentalism)가 말해 주듯이, 예를 들어 전자(electron)는 우리의 이론적 필요에 의해 그 존재가 도구적으로 상정된 이론적 구성물(theoretical construct)일 뿐이다. 이러한 허구적 구성물들이 모여서 이루어진 집합체들이 우리가 경험하는 사물들인데 그것들이 자성을 결여하여 공한 허구적 존재자라는 점은 명백하겠다. 굳이 『밀린다왕문경』과 나가르주나의 『근본중송』에서 전개된, 집합체의 허구성을 보이기 위한 논증을 소개하지 않아도 이 점은 직관적으로 분명하다. 그래서 삼라만상이 모두 자성을 결여해 공한 허구이다.

우리의 경험세계는 본체(noumena) 없이 단지 현상으로만 존재하는 환幻의 세계요 허구의 세계이다. 그런데 우리가 간과해서는 안 되는 것은, 이런 허구가 우리 일상생활을 위해서는 실제로 존재한다고 간주해도 무리가 없고 오히려 쓸모가 있다는 점이다. 내가 앉아 있는 이 의자가 자성을 결여해 공하기 때문에 전혀 쓸모없는 물건이라면 이렇게 안심하고 앉아 글을 쓰고 있지도 못할 것이다. 이 의자가 연기하기 때문에 공空하고 끊임없이 생멸한다는 것을 알면서도 나는 이 허구적 존재자가 한 동안 이 모양 이 기능을 유지할 것이라고 믿기 때문에 이것을 의자로 생각하고 잘 이용하고 있다. 그리고 이런 믿음은 거의 언제나 옳다고 판명된다. 내가 운전하는 자동차도 수많은 부품들로 이루어져 있는 집합체로서 하나의 허구지만, 그래도 대단히 유용한 허구이기 때문에 내가 그것을 당분간 실제로 존재하는 것으로 간주해도 무리가 없다. 우리가 일상에서 경험하는 대부분의 사물이 이렇듯 쓸모 있는 허구들이다. 말하자면 우리 세계는 쓸모 있는 허구들로 가득 차 있다. 우리에게 이런 것들은 세계를 구성하는 존재자들로 다가온다. 이렇게 허구로 존재하는 모습을 불교에서는 환幻이라고 하는데, 철학에서는 좀 더 가치중립적인 개념으로 현상現象으로 분류한다. 우리의 세계가 환 또는 현상으로 묘하게 존재해서 좋다.

현상과 공의 관계

우리가 사는 세계는 만물이 조건이 모이고 흩어짐에 따라 끊임없이 생멸하는 현상의 세계다. 조건의 집산集散에 의존하다보니 현상으로서의 만물은 본체 없이 존재하며 동시에 자성을 결여하여 공하다. 제법개공諸法皆空이다.

그러면 '연기하는 현상으로서의 사물'과 '자성을 결여하여 공한 사물'은 서로 어떤 관계로 맺어져 있을까? 나는 앞에서 '연기가 공'이라는 나가르주나의 주장은 '연기하는 것들은 공한 것들이다'라고 이해되어야 한다고 소개했는데, 그 둘 사이의 관계를 구체적으로 규명하지는 않았었다. 이 관계에 대해 논의해 보겠다.

불일불이不一不二와 개념적 혼동

대승 전통에서는 불이론不二論을 현상과 공의 관계를 설명하는 좋은 도구로 여겨 왔다. 그런데 '불이不二(또는 불일불이不一不二, 不一不異)'는 개념적으로 분명히 정의되지 않은 채 사용되어 온 것 같다. 그래서 이 개념으로 현상과 공의 관계를 조명해 보려면 혼동을 부를 우려가 있는 부분을 철학적으로 엄밀하게 정리할 필요가 있다. 먼저 '불일불이不一不二'가 '하나도 아니고 둘도 아니며, 같지도 않고 다르지도 않다'라고 해석되어 왔다는 점에 주목해 보자.

'같다'는 말은 '질적質的으로 같다'와 '수적數的으로 하나다'라는 뜻을 모두 포함한다. '오늘 마신 차 맛이 어제 마신 차 맛과 같다'는 말은 두 맛이 질적으로 같다는 뜻이지, 어제 마신 차 맛과 오늘 마신 차 맛이 수적數的으로 하나라는 뜻은 아니다. 어제 마실 때의 차 맛이 오늘 마시고 있는 차 맛과 수적으로 동일할 수는 없다. 그러나 한편으로는 어제 마신 차와 오늘 마신 차가 서로 다른 찻잎에서 나왔고 또 제품을 내 놓은 농장도 다를 수 있지만, 우리는 그 맛이 질적으로 다르지 않다는 의미로 '같다'라는 표현을 쓴다.

'수적으로 하나다'라는 의미에서의 '같다'는 설명이 더 필요하다. "백범은 김구다."라는 참인 문장에서 우리는 백범이 김구이기 때문에 두 개의 이름 모두 한 사람을 지칭한다는 점을 안다. "물은 H₂O다."는 문장도 마찬가지다. 우리의 갈증을 풀어주는 무색무취의 액체가 물이지만, 물은 H₂O 분자들과 수적數的으로 하나다. 물과 H₂O는 질적으로는 달리 표현되지만 수적으로는 하나다. 물체(object)에 대한 이와 같은 통찰은 사건(event)에 대해서도 마찬가지로 적용된다. "성수대교가 무너졌다", "성수대교가 갑자기 붕괴했다", "어제 한강 다리 하나가 내려앉았다", "어제 모든 석간신문 1면을 장식한 사건으로 많은 사람이 생명을 잃었다." 등의 문장은 모두 하나의 사건에 대한 다양한 기술들(descriptions)이다. 비록 여러 다른 표현이 있지만, 이들은 모두 수적數的으로 하나인 사건에 대한 것이다.

이제 똑같이 생긴 만 원짜리 지폐 두 장이 있다고 가정해 보자. 이 둘은 같을까 다를까? 이렇게 애매한 질문에 한 마디로 답할 방법은 없다. 왜냐하면 이 둘은 질적으로는 같고 수적數

的으로는 둘로 구분되어 다르기 때문이다. 즉 질적으로는 같고 수적으로는 구분된다. 그래서 철학에서는 이와 같은 혼동을 피하기 위해 '동일성(identity)'의 의미를 '수적으로 하나이고 질적으로 같다'로 엄밀히 정의한다.

지금까지 우리는 "불일불이不一不二"라는 문장과 관련해 질質과 수數의 개념을 적용하며 질적으로 '같다'와 '다르다' 그리고 수적으로 '하나다'와 '하나가 아니어서 구분된다'는 개념들의 정리를 시도해 보았다. 이제 전통적으로 현상과 공空의 관계를 설명하기 위해 사용되어 온 표현인 '불일불이不一不二'를 뜻이 옳게 통하게 이해해 보자.

현상과 공

연기하는 현상세계는 자성을 결여하고 있다. 즉 공하다. 그래서 현상세계가 바로 공의 세계이다. 이 두 세계는 수적數的으로 구분되는 두 세계가 아니다(不二). 그러나 현상의 세계와 공의 세계가 질적으로 동일한 세계도 아니다(不一). 연기의 관점으로 파악되는 현상의 세계와 자성을 결여한다는 공의 관점에서 보는 세계는 질적으로 다른 세계이기 때문이다. 그래서 존재세계는 불일불이不一不二의 세계이다.

조건이 모이고 흩어짐에 따라 생멸한다는 연기의 관점에서 보면 이 세계는 분명 천차만별千差萬別의 삼라만상이 파노라마처럼 펼쳐지는 현란한 현상의 세계이다. 그러나 모든 것이 전적으로 자성을 결여하고 있다는 관점에서 조명해 보면 이 세상은 아무런 차별이나 분별이 없이 절대적으로 평정平靜하고 적정寂靜한 공의 세계이다. 존재하는 대상이나 사건은 수적으로 하나이더라도 보는 관점에 따라 달리 기술되고 또 서로 다른 질적 속성도 가질 수 있다. 그래서 하나의 세계라도 보는 관점에 따라서 연기하는 삼라만상이 존재하는 현상의 세계로도 또 아무런 차별이나 분별이 없는 공의 세계로도 우리에게 다가온다. 그래서 존재세계는 수적으로는 불이不二이고 질적으로는 불일不一이다. 나는 대승 전통의 불일불이不一不二를 이렇게 이해한다.

불일불이不一不二가 옳기는 하지만, 실은 우리가 그것을 지나치게 동정적으로 이해해 주어야만 옳게 보인다. 그 이유를 짚고 넘어갈 필요가 있다. 먼저 '不一不二'를 문자 그대로 읽어서 '(수적으로) 하나도 아니고 둘도 아니다'라고 해석해 보면 이것은 다음과 같은 이유로 이치에 맞지 않는 주장이 된다. 우리 논의의 대상은 현상 세계와 공의 세계 둘 뿐인데, 만약 존재하는 세계가 하나도 아니고 둘도 아니라면 그런 세계가 아예 존재하지 않거나 셋 이상의 세계가 있어야 한다는 말이 된다. 그러나 불교는 아무 세계도 존재하지 않는다는 단멸론을 부정하며 또 현상과 공을 넘어서는 또 다른 세계(들)의 존재도 인정하지 않는다. 그래서 문자 그대로 수적으로 해석하는 "不一不二"는 옳지 않은 문장이다.

한편 '不一不二'는 '(질적으로) 같지도 않고 다르지도 않다'라고 이해될 수도 있다. 그런데 현상의 세계와 공의 세계는 질적으로 같거나 달라야 하지 그밖에 다른 선택지는 없다. 그래서 질적으로 해석하는 "不一不二"도 단적으로 거짓인 문장이다.

'不一不二'를 뜻이 통하게 읽으려면 '현상세계와 공의 세계는 질적으로 같지는 않지만(不一) 수적으로 구분되지도 않는다(不二)'라고 해석해야 한다. 나는 이것이 옳은 해석이라고 생각한다. 그러나 이런 해석 방식은 '不一'을 '질적으로 같지 않다'로, 그리고 '不二'를 '수적으로 둘이 아니다'로 보아야 한다는 곤란한 문제가 있다. "不一不二"라는 하나의 문장에서 앞의 반은 질적으로 해석하고 뒤의 반은 수적으로 해석해야 한다면, 이것은 한 문장 안에 있는 '一'과 '二'를 모두 질적으로 아니면 모두 수적으로 일관되게 해석해야 한다는 논리학의 법칙을 위반하는 것이다. 그래서 논리학자들이 천여 년 이상 경고한 모호함의 오류(fallacy of equivocation)를 범하는 것이다. 철학의 눈으로 볼 때 당황스럽기만 한 오류이다.

이제 위의 논의를 요약해 보겠다. "不一不二"는 수적으로 해석해도 또 질적으로 해석해도 모두 거짓인 문장이 된다. 그렇다고 해서 앞의 반은 질적으로 그리고 뒤의 반은 수적으로 해석한다면, 비록 문장의 뜻이 제대로 통하게 되기는 하지만, 이는 논리학에서 금하는 모호함의 오류를 범하게 되고 만다. 그래서 결국 대승 전통에서 현상과 공의 관계를 표현해 온 "不一不二"를 철학적으로 분석해 보면 이는 우리가 받아들여 사용할 수 없는 문장이라고 판명된다. '不一不二'라는 모호한 표현이 마치 심오한 진리라는 듯 신비감을 주기도 하는데, 현대 서양 철학자들은 실제로 뚜렷한 근거가 없는 신비감은 대부분 개념적 혼동이나 논리적 오류에서 비롯된다고 판단한다. 나는 현상의 세계와 공의 세계의 관계를 더 이상 "不一不二"라는 모호한 문장으로 표현해서는 안 된다고 생각한다. 그보다는 현상과 공을 '두 관점에서 바라보아 나온 하나의 세계의 두 모습'이라고 표현하는 편이 더 낫다고 생각한다.

현상이나 공의 바탕은 없다

그런데 두 개의 관점으로 바라보아 각각 현상의 세계와 공의 세계로 모습이 드러나게 되는 바탕이라는 그 하나의 세계는 무엇일까. 나는 이 '무엇'을 어떻게 받아들이는가에 따라 불교와 불교 아닌 다른 종교 및 철학체계가 뚜렷이 구분된다고 생각한다. 세계의 주요 종교 가운데 오직 불교만이 그 '무엇'의 존재를 부정하면서도 현상과 공의 세계 모두 엄연히 존재한다고 인정하기 때문이다.

  불교가 탄생할 당시 인도사회에는 이미 힌두교의 전신인 바라문교가 오랫동안 자리 잡고 있었다. 그들의 성전인 베다에 의하면, 이 우주 모든 만물의 근원과 바탕은 객관적인 절대적 실체로서 실재하는 브라만(梵, Brahman)이다. 브라만은 서양의 자연신학에서 말하는 신神과도 비유될 수 있는데, 그것은 존재와 비非존재(nonexistence)의 구분조차 초월하고 있어서 그 무한히 위대한 속성을 긍정적인 언어로 표현할 방법은 없다. 개구즉착開口卽錯은 힌두교의 브라만에 대해서도 맞는 말이다. 가능한 표현이라면 단지 '브라만은 시간에 구애받지 않는다', '브라만은 색깔이 없다', '브라만은 가계족보가 없다' 등 부정의 방법(via negativa)을 사용하는 표현들뿐이다. 왜냐하면 만약 브라만이 '색깔이 있다'고 하며 긍정적인 표현을 쓰면 브라만이 그 특정 색깔을 가져야만 한다는 점에서 그 무한해야 할 위대성이 제한되고, '가계족보가 있다'고 긍정한다면 그 가계족보를 가져야만 한다는 점에서 또 그만큼 위대성이 줄어들기 때문이다. 어떤 긍정적인 표현도 브라만의 무한한 위대함에 저촉되기 때문에 브라만에 적용될 수 없다. 그럼에도 불구하고 브라만은 존재세계 모든 현상의 존재적 근원이고 바탕으로서 실재한다.

바라문교/힌두교의 성전인 베다에 의하면 우리가 사는 현상세계는 브라만이 아무 이유 없이 단지 유희(遊戱, sport)로 창조해 내었을 뿐이라고 한다. 아무 부족함 없이 실재하는 브라만이 유희로서가 아니라면 굳이 이 현상세계를 창조할 이유가 없기 때문이겠다. 한편 바라문교/힌두교는 브라만뿐만 아니라 절대적인 주관적 실체로서 실재하는 아뜨만(我, Atman)의 존재도 가르치는데, 아뜨만은 서양종교의 자아(self) 또는 영혼(soul)에 해당된다. 브라만과 아뜨만은 조건이 모이고 흩어짐에 따라 생멸하지 않고 스스로 존재하며 말로 표현할 수 없는 자성自性을 가지고 영원 불변불멸한다. 즉 그들은 연기의 그물 밖에서 존재하는 실체로서 어떤 형언할 수 없는 굉장한 자성을 가지고 실재한다는 것이다. 그리고 이런 실체가 겉으로 드러나는 모습이 바로 우리가 일상을 사는 현상세계요 환幻의 세계라고 한다.

그런데 만물이 연기하기 때문에 아무것도 실체로서 존재할 수 없고 모두 자성이 없어 공空하다는 가르침을 기본으로 하는 불교에서는 브라만이나 아뜨만같이 상주常住하며 연기와 공의 가르침에 어긋나는 방식으로 존재하는 대상을 받아들이지 않는다. 그래서 불교에는 브라만도 없고 아뜨만도 없다. 무범(無

梵, Non-Brahman)이고 무아(無我, Non-Atman, Non-Self)이다.* 그렇다면 이런 바탕이 되는 것의 존재를 인정하지 않는 불교에서는 현상의 존재를 어떻게 이해해야 할까? 실재하는 어떤 것도 그 바탕으로 존재하지 않는데 우리의 현상세계가 어떻게 존재할 수 있는가? 이것은 일견 답하기 어려운 질문이지만, 서양철학과 관련해 논의하는 다음과 같은 몇 가지 질문으로 답변을 이끌어 낼 수 있다.

인식론적 논증

우리가 감각기관과 뇌 및 의식의 작용을 거치지 않고 사물 그 자체의 속성을 직접적으로 파악할 수 있을까? — 그럴 방법은 없다.

우리의 의식에 들어온 인식내용은 사물 그 자체(본체)의 속성을 그대로 보여 주는가, 아니면 우리 인식기관이 해석한 현상으로만 드러나는가? — 우리에게 인식 가능한 것은 사물 그 자체가 아니라 그것이 우리 인식작용에 의해 해석되어

---

* 한국불교계 일각에서 주장해 온 범아일여梵我一如는 '브라만이 바로 아뜨만이다'라는 힌두교의 교리를 불교의 교리로 착각하고 가르친 오류다.

드러나는 현상일 뿐이다.

그러나 현상의 근원이 되는 사물 자체의 존재는 인정해야 하지 않을까?—반드시 그렇지는 않다. 당신이 꿈을 꾸고 있어도, 당신이 영화 메이트릭스Matrix 같은 기계 안에 누워 있어도, 또 당신이 장님이어도 당신의 뇌가 슈퍼컴퓨터와 연결되어 제대로 된 신호를 받기만 하면 현상세계는 아무런 차이도 없이 우리에게 다가온다. 현상의 존재를 위해 반드시 그 바탕이 존재할 필요가 없다.

각각 한 시대를 풍미했던 불교의 유식론唯識論과 영국의 관념론이 위와 같은 견해를 기초로 형성되었다. 인식론적으로 볼 때, 실체 없이 존재하는 현상세계는 얼마든지 가능하다.

존재론적 논증

그런데 위의 논의에서는 바탕이 되는 무엇이 반드시 존재할 필요가 없다고만 했지 그런 것이 존재하지 않는다고 하지는 않았다. 다시 말해, 그런 바탕이 존재하고 그것이 우리 의식을 통해 형성되는 현상의 근원이 될 가능성이 배제되지는 않았다. 그래서 우리는 이런 바탕이 존재하더라도 그것이 실체로서 실재하지 않고 단지 현상으로만 존재할 뿐이라는 점까지 증명해야 불교의 존재론을 제대로 방어할 수 있다. 우리의 세계가 실체 없이 현상으로서만 존재한다는 점을 보이는 존재론적 논증도 다음의 몇 가지 질문과 답변으로 제시될 수 있다.

(1) 모든 사물에는 그 사물의 속성들이 걸려 있는 어떤 바탕이 되는 기체基體가 있어야 한다. 그렇지 않고서는 속성들이 어떻게 흩어지지 않고 모여 있을 수 있겠는가?─그렇지 않다. 데이비드 흄이 지적했듯이, 그 자체로는 아무런 속성도 없지만 속성들의 바탕이 된다는 기체라는 것은 '이치에 맞지 않는 괴물'로서 그 존재를 인정할 수 없다. 그리고 이런 기체 없이도 속성들은 자기들끼리 잘 모여 있을 수 있다. 비유를 다시 들자면, 누가 강요하지 않아도 다섯 아이들이 모여 농구팀을 만들어 게임을 즐길 수 있다. 이런 팀은, 말하자면, 기체 없이 속성들만으로 만들어져 아무런 문제없이 존재한다. 이 비유를 조금 더 밀고 나가자면, 기체 없이도 입자 및 속성들이 서로 관계하며 모여 대상을 이루고, 사람을 이루고, 태양계를 이루는 이치와 같다. 모든 사물의 존재방식은 이런 식으로 기체 없이 모이는 속성들의 집합으로 이해될 수 있다.

(2) 기체가 존재하지 않는다고 하더라도 최소한 각각의 속

성은 자성을 가지고 실재한다고(real) 보아야 하지 않을까? 그러면 그들은 단지 현상이 아니라 실재實在라고 보아야 하지 않을까?─아니다. 그들도 역시 현상이고 자성을 결여한다. 이런 속성들은 본체나 기체 없이 다른 속성들과의 관계에서 이런저런 조건들이 모이고 흩어짐에 따라 여여如如하게 연기하면서 자성을 결여한 채 존재한다. 바탕 없이 공空하게 존재한다는 점에서 실재와 대비된 환幻 또는 현상이라고 보아야 옳다. 그래서 현상은 존재론적으로도 바탕 없이 존재한다.

현상과 공은 동전 없는 동전의 양면

우리 세계의 사물은 어떤 기체나 바탕 없이 단지 현상으로만 존재한다. 이런 현상은 조건에 따라 생멸하기 때문에 공空하다. 즉 현상의 세계여서 공空한 우리의 세계는 아무 바탕이나 기체도 없이 묘妙하게 존재한다. 현상과 공은 동전의 양면이다. ─ 단, 그것들은 동전이 없이 마주보는 양면兩面이라는 것이 불교가 가르치는 섬세하고 묘妙한 진리다.

5장

무상

연기와 무상

석가모니는 무상이 연기로부터 비롯된다고, 즉 만물이 연기하기 때문에 끊임없이 변화하여 무상하다고 가르쳤다. 모든 것이 수많은 조건이 모이고 흩어짐에 따라 생멸한다는 붓다의 가르침이 연기법이다. 그 여러 조건 가운데 언제나 어느 하나라도 더해지거나 빠지기 마련이어서, 어떤 사물도 그대로 머물러 있지 않고 항상 변화하게 된다. 그런데 조건 하나하나도 그것을 생멸하게 하는 그것 나름대로의 조건들이 언제나 더해지거나 빠지기 때문에 그대로 머물 수 없다. 그래서 삼라만상 가운데 어느 하나도 변치 않고 그대로 머물러 있는 것은 없다. 연기에 대한 통찰이 우리를 무상의 진리로 이끌어준다.

연기의 진리로부터 이치를 짚어가며 무상의 가르침에 접근하는 것은 물론 좋은 공부이지만, 나는 이런 논리적 추론과는 별도로 무상의 진리가 직관적으로 거부하기 어렵다고 생각한다. 고대 그리스의 철학자 헤라클레이토스는 "같은 강에 두 번 이상 들어갈 수 있는가?"라는 흥미로운 질문으로 우리에게 만물이 끊임없이 유전流轉한다는 통찰을 심어 주었다. 강물은 끊임없이 흐르기 마련이고, 같은 지점에 다른 물이 흐르고 있는 강은 같은 강이 아니기 때문에, 우리는 같은 강에 두 번 이상 들어갈 수 없다. 그는 이와 같이 사물 가운데 변하지 않는 것이 없고, 끊임없이 변화하는 불(fire)이 우주 모든 것이 변하는 원리를 상징적으로 보여준다고 주장했다.

불교에서 다른 대부분의 가르침과 마찬가지로 무상에 대한 가르침도 우리 삶이 가지고 있는 문제에 대한 통찰로부터 시작되었다. 한번 생각해 보자. 우리 삶에 있어서 변치 않고 고정불변한 것이 있을까? 누구나 기억하겠지만, 젊은 날 우리는 건강과 활력이 영원히 지속될 것처럼 느낀다. 자신도 머지않아 늙어 몸이 쇠하고 병들어 고통의 시간을 보내야 한다는 점을 미리 깨닫기는 어렵다. 죽음도 다른 사람의 일이지 자신에게도 닥칠, 피할 수 없는 운명이라고 실감할 기회는 거의 없다. 그래서 어찌 보면 감수성이 예민했던 젊은 싯다르타 태자가 늙고 병들어 죽은 사람들을 목격하고는 그 충격으로 출가를 결심하게 된 이유를 헤아릴 수 있을 것도 같다. 태자가 깨달아 성도成道하게 된 진리는 연기법이지만, 그의 출가와 수행에 대한 동기를 부여한 것은 삶의 무상에 대한 인식이었다.

이제 우리의 소박한 일상을 이야기해 보자. 우리가 매일 접하는 물건 가운데 무상하지 않은 것이 있을까? 아무리 살펴보아도 없다. 모두 시간이 지남에 따라 낡고 없어지고 망가지고 또 질이 떨어져 바꾸어야 할 것들뿐이다. 치약, 칫솔, 수건, 옷, 밥상, 음식, 자동차, 책상, 의자, 컴퓨터, 집 등 모두 변치 않고 없어지지 않고 그대로 남아 있으면 좋겠지만 내 맘대로 되는 것은 하나도 없다. 영원하다고 선전하는 보석이나 귀금속은 어떤가? 금으로 만들어진 장신구도 사용하면 흠이 생기고 또 아주 조금씩이라도 마모되어 간다. 지구상에서 가장 단단한 물질이라는 금강석도 그 안에서 탄소원자들이 끊임없이 진동하고 있고, 불에 타기도 하며 망치로 부술 수도 있다.

물질로 된 것은 근본적으로 무상하다. 물리세계를 가장 궁극적 차원에서 연구하는 물리학은 쿼크와 전자를 포함해 존재하는 어떤 입자도 영원히 고정불변할 수는 없다고, 즉 무상하지 않은 것이 없다고 보여준다. 입자는 시간이 오래 걸리더라도 결국은 변화하고 붕괴한다. 그래서 입자로 이루어진 이 우주의 어떤 물체도 불변할 수 없고 무상할 뿐이다. 한편 조금 다른 각도에서 관측하자면, 우주공간으로부터 날아온 무수히 많은 입자가 지금 이 순간도 모든 물체를 끊임없이 관통하고 있다. 즉, 모든 물체에 언제나 이 입자들이 지나가는 변화가 일어나고 있다. 또 이 우주 전체에 있는 아무리 작은 물체들도 만유인력에 의해 서로에게 영향을 미치며 서로를 아주 조금씩이라도 끊임없이 변화시키고 있다. 변하지 않고 그대로 머물러 있는 물체는 없다. 모든 물체는 무상하다.

우리 심리세계의 무상함은 물질세계의 무상함보다 직관적으로 더 쉽고 분명하게 파악할 수 있다. 우리가 어렸을 때 가졌던 생각이나 심리상태 가운데 나이가 들어도 전혀 변하지 않고 그대로 남아 있는 것이 과연 있을까? 어릴 적 크게만 보였던 앞마당의 나무가 성인이 된 후에는 만만한 크기의 아담한 나무로 보이곤 한다. 키가 커지고 시력이 달라지며 또 다른 배경 지식을 가지게 되면 모든 시각 경험을 달리 해석하게 된다. 정서적인 측면에서도, 예를 들어 가족과 지역사회 그리고 나아가 나라와 세계에 대한 우리의 판단과 호오好惡도 그때그때 쉼 없이 변한다. 영원히 뜨거울 것만 같던 젊은 날의 사랑이 변치 않고 지속되기란 영화나 소설 밖에서는 어렵다는 점을 우리는 결국 경험하고 인정할 수밖에 없다. 변하지 않고 영원히 지속하는 감정이란 존재하지 않는다.

심리세계의 무상함은 근본적으로 우리 심리상태의 내용을 결정하는 여러 관점과 가치관이 계속 변하는 데서 비롯된다. 우리는 어려서부터 부모를 따라 간 절이나 교회로부터 삶과 세계를 보는 눈이 새로 생기거나 바뀌기 시작한다. 학교를 다니며 배우는 다양한 정치 사회 이론에 따라 사회현상과 정치문제를 판단하는 기준도 거듭 바뀐다. 이렇게 변하는 종교관과 가치관이 우리 생각과 정서의 내용을 많이 좌우한다는 점에는 의심의 여지가 없다. 또 일상에서 친구들과 나눈 대화, 저녁 뉴스에서 전해들은 이야기, 어젯밤 읽은 소설책의 내용, 그리고 오늘 본 영화가 준 감동 등에 의해서도 우리 마음을 구성하고 있는 여러 생각과 감정이 끊임없이 변화한다.

철학적 관점에서 보자면, 우리 믿음체계의 특성상 단 하나의 믿음만 변해도 전체 믿음체계의 내용에 직간접적으로 영향을 미쳐 그 내용을 변화시키게 된다. 예를 들어 내가 트럼프 대통령은 무례하기는 하지만 정직한 사람이라고 믿어 왔다고 가정해 보자. 그런데 그가 지금까지 거액을 탈세해 왔다는 사실이 밝혀진다고 하자. 이러한 새 정보내용이 내 믿음체계에 들어오게 되면 내가 지금까지 트럼프에 대해 가지고 있던 관련된 수

많은 믿음이 모두 흔들리고 바뀌게 될 것이다. 그리고 더 나아가 미국의 정치 제도와 풍토에 대한 나의 여러 믿음도 변하게 될 것이다. 그런 사람도 대통령에 선출될 수 있는 민주주의 제도 자체에 대한 회의까지 생길지도 모른다. 정도의 차이는 있겠지만 이와 같이 어느 믿음 하나에라도 변화가 생기면 그것은 믿음체계 전체에 직간접적으로 영향을 미치게 된다. 그런데 우리 생각이나 감정은 어느 한 부분이라도 매일매일 끊임없이 변하기 때문에, 우리 믿음체계에서 변하지 않고 남아 있는 심리상태는 존재하지 않는다. 모든 심리상태는 무상하다.

실체론의 오류

무상의 진리는 우리를 깨달음과 열반에 이르게 하는 붓다의 가르침이지만 일반 대중의 상식이나 서양의 주류 철학이론과는 많이 다르다. 사람들은 물체가 여러 다양한 변화를 겪으면서도 오랜 시간 동안 그 동일성을 확보하며 존재한다고 믿는다. 즉 모든 물체가 무상하지 않다고 믿는다. 예를 들어, 뜰 앞의 커다란 잣나무는 수십 년 전에는 어린 아이 크기의 작은 묘목이었지만 지금은 어른 키의 몇 배나 되는 큰 나무로 컸다. 이 나무는 수십 년 전에 비해 비교할 수 없이 많은 분자로 이루어져 있고 그 모양과 크기도 전혀 다르다. 그럼에도 불구하고 우리는 그것이 여전히 같은 나무라고 생각한다. 내가 지금 쓰고 있는 이 나무로 된 책상은 이십여 년 전 새 책상일 때에 비해 군데군데 홈이 생기고 모서리가 떨어져 나갔으며 또 햇빛에 노출된 탓에 색깔도 바랬다. 다리 하나가 부러져 다른 나무로 교체되기도 했다. 그런데도 우리는 이 책상이 여전히 같은 책상이라고, 그래서 무상하지 않다고 생각한다.

물체를 구성하는 부분들이 교체되고 또 질적으로 변화하는데도 불구하고 우리가 그것을 동일한 물체라고 보는 이유는 무엇일까? 서양에서는 17세기까지도 대부분의 철학자들이 어떤 물체가 물리적·화학적 변화에도 불구하고 동일한 물체로 존속하는 이유가 이런 물리적·화학적 속성들을 유지하는 기반으로서의 어떤 변치 않는 실체(substance 또는 substratum)가 존재하기 때문이라고 믿었다. 17세기 영국의 존 로크가 그 대표적 철학자였다. 한 대상이 가진 속성들은 들고 나며 변하지만 그것들을 붙잡아 한 곳에 모아 놓는 실체(또는 기체)는 그대로 남아 있기 때문에 그것이 동일한 대상이라는 것이었다. 그러나 앞 장들에서 논의한 대로 18세기 스코틀랜드의 철학자 데이비드 흄은 이런 실체란 경험적으로 확인할 길이 없는 '불가사의한 괴물' 같은 것으로서 그 존재를 인정할 수 없다고 설득력 있게 주장하였다. 그 결과로 흄 이후 서양철학에서 실체의 존재를 진지하게 논의하는 철학자를 만나기가 쉽지 않게 되었다. 대상의 무상함을 반박할 존재적 근거를 잃게 되었기 때문이다.

그러나 대상의 불변하는 지속적 존재에 대한 서양인들의 집착(?)은 불자佛子라면 고민하지 않아도 될 여러 철학적 난제를 만들어 냈다. 20세기부터 활발히 논의된 문제 하나를 소개하겠다. 고대 그리스 신화의 영웅 테세우스Theseus가 다시 태어나 나무로 만든 배를 타고 그의 고향 항구를 떠나 20여 년 동안 항해 끝에 다시 돌아왔다고 가정해 보자. 그런데 이 오랜 항해 동안 배의 나무 널빤지들이 하나씩 망가져서 그때마다 알루미늄으로 된 널빤지로 교체해 왔다. 교체된 나무 널빤지들은 모두 따로 모아 놓았다. 이런 과정을 거치며 20년 후 다시 고향 항구로 돌아왔을 때 이 배의 모든 부분은 알루미늄 널빤지로 바뀌었다. 그런데 이때 항구 마을 사람들이 이 알루미늄 배에 모아 놓았던 나무 널빤지들을 모두 조립해 다시 나무로 된 원래 모양과 재질 그대로의 배를 만들어 바다에 띄워 놓았다. 그렇다면 알루미늄으로 만들어진 배와 나무로 만들어진 배 가운데 어느 것이 테세우스의 배인가? 예를 들어, 이 두 배가 바다에서 침몰한다면 선장인 테세우스는 어느 배에 올라 함께 바다 속으로 가라앉아야 할까?

답하기 어려운 질문이다. 원래 배는 나무로 만들어져 있었으니까 나무 널빤지로 다시 조립된 쪽이 테세우스의 배라고 주장하는 사람들이 꽤 있다. 그러나 어떤 대상의 동일성(identity)은 그 물질적 구성요소가 아니라 그것이 가진 인과적 및 역사적 연결고리에 의해 결정된다고 보는 철학자들은 테세우스가 20년 동안 항해한 역사를 간직한 알루미늄으로 된 배가 테세우스의 배라고 본다. 지난 수십 년 동안 서양 철학계에서 논의되어 온 이 문제는 지금도 여전히 분명한 해결책이 없는 난제로 받아들여지고 있다. 그런데 만물이 조건에 의해 생성·지속·소멸하기 때문에 아무것도 스스로의 본성(自性)을 가지고 실체로서 독립적으로 존재하지 못하고 끊임없이 변화한다(無常)고 가르치는 불교에서는 이런 문제가 처음부터 존재하지도 않는다. 왜냐하면 '테세우스의 배'라고 불리는 대상을 테세우스의 배로 만들어주는 자성自性은 원래 존재하지도 않았고, 또 이렇게 공空한 테세우스의 배가 실체로서 실재實在한 적도 없는데, 알루미늄 널빤지로 된 배와 나무 널빤지로 된 배 가운데 어느 쪽이 테세우스의 배냐고 질문하는 것은 이치에 맞지 않기 때문이다. 지혜로운 불자라면 묻지 않을 질문이다.

위와 같은 서양철학의 난제는 사물이 자성을 가지고 실체로서 실재한다고 믿으며 그것이 동일한 대상으로 지속적으로 존재한다고 보기 때문에 비롯된다. 이 문제는 우리가 시간의 경과에 따라 겪는 물리적·화학적 변화에도 불구하고 같은 대상으로 남아 있다고 믿는 다른 모든 존재자에도 그대로 적용된다. 왜냐하면 이런 모든 대상에 대해 '테세우스의 배'와 같은 사고실험(thought experiment)이 가능하기 때문이다. 그러나 자성과 실체의 존재를 부정하며 모든 것이 단지 끊임없이 변하는 현상(幻)으로만 존재한다고 가르치는 불교에서는 이런 문제가 존재하지 않는다. 테세우스의 배는 단지 "테세우스의 배"라는 이름으로 존재하는 허구(fiction)에 불과하기 때문이다.

서양철학이 직면하고 있는 위와 같은 난제는 우리와 같이 의식을 가진 유정물有情物이 온갖 변화를 겪으면서도 동일한 유정물로 남아 있다고 보는 서양식 사고에서도 마찬가지로 발생한다. 이런 문제들에 대한 불교적 해결법은 다음 장에서 붓다의 무아無我에 대한 가르침을 소개하며 자세히 살펴보기로 하겠다.

본질주의의 오류

논리학에는 '모든 것은 그 스스로와 동일하다'는 자기동일성의 법칙이 있다. 이 법칙은 마치 모든 것이 무상하지 않고 동일한 대상으로서 지속적으로 존재한다는 것이 진리라는 듯이 읽힌다. 전통적으로 논리학은 이 법칙과 다른 몇 개의 법칙을 기반으로 형성되어 있다. 그래서 혹자는 논리학에서 필요불가결한 이 법칙을 만고불변의 진리로 받아들여야 한다고 주장하기도 한다. 그러나 이 주장은 다음과 같은 두 오류를 범하고 있다.

우리가 현재 연구하고 가르치는 논리학이 "모든 것은 그 스스로와 동일하다."라는 문장을 법칙으로 받아들이고서 형성된 것이라면, 이 논리학의 체계가 그것을 법칙으로 받아들이고 있기 때문에 그것이 옳다고 보는 주장은 선결문제 요구의 오류를 범한다. 이것이 첫 번째 오류다. 그것을 옳은 법칙으로 가정하고서 논리학의 체계를 도출했는데, 논리학의 체계가 그 법칙의 존재를 기반으로 하기 때문에 그 법칙이 옳다는 주장은 분명 순환논리에 빠지게 되어 선결문제 요구의 오류를 범하고 만다. 문제되는 법칙이 옳다는 점을 먼저 독자적으로 해결해야 이치에 맞는 주장이 되기 때문이다.

두 번째 오류는 이 법칙이 시간 속에서 존재하는 세계에 관한 것이 아니라 시간을 제거하고 만든 추상적인 논리와 언어의 세계에서만 통용될 수 있는 법칙이라는 것을 간과했다는 점이다. 만약 시간의 경과를 포함해야만 세계에 대한 진정한 논리학을 완성할 수 있다고 생각하는 (헤겔과 같은) 철학자가 있고, 또 그가 만물이 한 순간도 그대로 머물러 있지 않고 끊임없이 변화한다고 믿는다면, '모든 것은 그 스스로와 다른 것으로 된다(즉, 무상하다)'를 그의 논리학의 기본 법칙으로 삼을 수도 있겠다. 자기동일성이 현재 영미권의 주류 논리학이 받아들이는 법칙이라고 해서 그것만을 수용 가능한 논리학의 법칙으로 간주할 수는 없다.

그러나 서양철학자들 가운데는 시간의 경과에도 불구하고 어떤 대상을 동일한 대상으로 머무르게 하는 그것의 본질이 존재한다고 보는 본질주의자들이 여전히 많다. 예를 들어 이들은 내 앞의 책상을 이 책상이게끔 해 주는 어떤 개체적 본질(individual essence)이 있다고 주장한다. 그런데 그것이 무엇이냐는 질문에 이들 철학자들은 대답이 금방 궁해지고 만다. 한 모서리가 망가져 모양이 달라지더라도 이 책상은 여전히 같은 책상이니까 그것의 모양이 개체적 본질일 수 없다. 색깔을 달리 칠해도 같은 책상이니까 색깔도 그런 본질이 아니다. 흠이 생겨도, 무게가 달라져도, 다리 하나를 교체해도, … 이 책상은 여전히 같은 책상이다. 그래서 이들 가운데 어떤 속성이나 부분도 이 책상의 개체적 본질이 될 수 없다.

그렇다면 시간의 경과에 따라 생기는 변화에도 불구하고 이 책상의 동일성을 확보해 주는 본질이란 무엇인가? 본질주의자들이 최근에 내 놓은 답변은 '이것임(thisness)'이라는 개체적 본질이다. 내 앞의 책상을 '이것'이라고 가리키면서 '이것을 이것이게끔 해 주는 개체적 본질은 바로 이것임'이라고 답변하고 있다. 참으로 궁색한 답변이다. 무상의 진리를 거부하며 대상의 자기동일성에 집착하다가 내 놓은 철학적 답변이 겨우 이렇다. 더 나아가 본질주의자들은 이순신을 시간이 흘러도 같은 이순신이게끔 하는 개체적 본질이 이순신임이고, 세종대왕은 세종대왕임, 트럼프는 트럼프임이라고 한다. 이 세상 모든 존재자에 대해 같은 방식으로 답변한다. 무슨 코미디 영화의 대사처럼 들린다. 만물이 무상함을 애써 외면하며 존재하지도 않는 개체적 본질에 집착하다가 억지로 내 놓은 어처구니없는 주장이다.

지금까지 개체가 고정불변한 본질을 가지고 있지 않아 무상하다는 점을 논의했다. 이제 내가 앞 장들에서 논의한 수학과 자연과학에서 다루는 법칙과 그 법칙의 내용이 되는 보편적 속성 사이의 관계도 무상하다는 점을 잠깐 언급하겠다. 수학과 자연과학의 모든 법칙은 그 스스로 절대 불변하는 본질적 속성을 드러내 주는 진리가 아니고, 모두 주어진 배경이론 또는 패러다임에 의존해서만 참으로 간주될 뿐이다. 배경이론이 바뀜에 따라, 또는 한 배경이론 안에서도 부분적으로 이론의 수정작업이 벌어진다면, 주어진 법칙은 달리 해석되고 그 참 거짓도 달리 결정될 것이다. 최근에는 아인슈타인의 상대성 이

론 이후 물리학에서 절대불변의 상수라고 여겨져 온 빛의 속도
조차 우주 생성 초기에는 지금보다 더 빨랐을 것이라는 가설
이 주목받고 있으며, 이 가설을 검증할 관측이 진행되고 있다.
모든 법칙은 배경이론 및 실험과 관찰 결과에 영향 받는다. 이
와 같이 법칙은 관계로서의 연기에 의존하고, 또 연기하는 것
은 무상할 수밖에 없다. 수학과 자연과학의 법칙도 예외가 아
니다.

무상한 사물들

위에서 사물이 동일하게 머물러 있지 않고 끊임없이 변한다는
무상의 진리가 붓다의 연기법으로부터 도출되는 과정을 살펴
보았다. 그리고 우리는 서양인의 상식을 대변하는 실체론과 본
질주의가 오류임도 논의했다. 무상할 수밖에 없는 사물이 스스
로의 본질, 즉 자성을 가지고 동일한 실체로서 존속할 수는 없
기 때문이다. 이제 연기와 공空 그리고 무상의 진리를 외면하는
서양철학의 실체론과 본질주의가 직면하는 난제를 몇 가지 더
논의하고, 나아가 현대 서양철학이 믿어 의심치 않고 받아들이
는 몇 가지 철학적 주장이 알고 보면 무상의 진리를 보지 못하
고 만들어 놓은 사상누각沙上樓閣에 불과함을 보이겠다.

저 하늘 구름 한 점의 가장자리는 어디일까

푸른 하늘에 하얗게 떠 있는 저 구름도 가만히 바라보면 바람에 끊임없이 움직이며 모양이 변하고 있고, 또 큰 바람 한 번 불면 쉽게 흩어진다. 붓다의 가르침을 접할 기회가 없던 사람도 변화무쌍한 구름을 보고 있자면 구름의 존재가 무상하다는 점을 쉽게 깨달을 것이다. 그런데 아리스토텔레스 이후 서양에서는 전통적으로 사물이 본질(自性)을 가진 실체로서 실재한다고 믿어 왔다. 구름이라고 해서 예외는 아니다.

믿기 어렵겠지만, 영미권의 현대철학자들은 저 하늘 구름 한 점의 경계를 어떻게 정할까를 진지하게 고민해 왔다. 그들은 '구름'이라는 물체가 어떤 본질을 가지고 실체로서 존재하니까 그것이 존재하는 공간과 존재하지 않는 공간을 나눠 주는 분명한 경계(boundary)가 있다고 본다. 그러나 한번 생각해 보자. 우리가 과연 그런 경계선을 확정지을 수 있을까? 공기 중에 물방울이 어느 밀도 이상으로 모여 있어야 구름의 부분이라고 인정할 수 있을까? 내가 알기로 구름의 경계에 대해 과학적으로 내려진 엄밀한 정의定義는 없다. 그렇다면 그때그때마다 임의로 구름의 가장자리가 정해진다는 뜻인데, 이것은 자성을 가진 실체로서 존재한다는 구름의 실재를 회의하게 만들 수밖에 없다.

한편 시간이 흐름에 따라 구름이 가진 물 분자의 밀도가 끊임없이 변하기 때문에 구름의 가장자리 경계는 언제나 변할 수밖에 없다. 그 경계의 모양도 계속 변한다. 구름은 어느 것도 그대로 남아 있지 않고 끊임없이 변하는 무상 그 자체이다. 그럼에도 불구하고 구름도 자성을 가지고 실재한다고 보는 서구의 사고방식으로는 구름이 어떤 본질을 가지고서 분명한 가장자리를 가지고 있는 실체여야 한다. 그러나 이것은 물론 불가능하다. 그래서 서양철학자들은 이 문제를 해결이 불가능한 철학의 난제 가운데 하나로 여긴다. 그렇지만 만물이 연기하기 때문에 자성이 없이 공空하며 어느 것도 실체로서 존재하지 않고 오직 현상 또는 환幻으로서 끊임없이 변화한다고, 즉 무상하다고 받아들이는 불교에서는 구름과 그 가장자리의 실재에 대한 헛된 집착을 가지지 않는다. 본래 한 물건도 없는데(本來無一物), 실재하지도 않는 구름의 분명한 가장자리가 어떻게 존재한다는 말인가. 불교에서는 이런 서양철학적 난제가 처음부터 생겨나지도 않는다.

본질주의와 실체론을 바탕으로 하는 서구의 상식에 의하면 위와 같은 종류의 난제는 이 세계 어디에나 있다. 대머리의 본질은 무엇일까? 예를 들어, 중년 남자의 머리칼이 어느 정도 빠져야 대머리가 될까? 반이 빠지는 50%일까? 아니면 반을 조금이라도 넘어야 하니까 50.1%? 아니면 '50% + 한 올의 머리

카락'이라고 보는 편이 더 낫지 않을까? 그러나 우리는 아무도 이 질문에 명쾌하게 답할 수 없다는 것을 안다. 사춘기 청소년은 얼마나 나이가 들어야 신체적·정신적으로 성인이 되나? 만18세? 만18.1세? '만18세 + 하루'? 또, 시골집 뜰 앞에서 펼쳐지는 들판은 정확히 어디서부터 시작하는가? 논란의 여지없이 줄을 잘 그을 수 있을까? … 이런 질문들에는 제대로 된 답변이 불가능하다. 아무도 그 답을 모른다. 우리가 서구적 사고방식대로 이런 사물들이 고정불변한 본질, 즉 자성을 가지고 실재한다고 믿는다면 이 질문들에 대해 분명한 답이 있어야 한다. 하지만 그런 답은 존재하지 않는다.

우리는 정도의 차이는 있겠지만 위의 난제가 존재하는 모든 사물에 적용된다는 점을 알 수 있다. 지금 내 앞에 있는 책상, 의자, 펜에 진정한 경계가 있을까? 수많은 소립자가 끊임없이 맹렬한 속도로 돌며 공기분자와 충돌하며 들고 나고 있는데, 과연 그런 경계가 있을까? 매일같이 변하는 내 몸의 경계는 어디일까? 이 머리카락은 그 경계에 포함될까? 내 생각의 경계는 또 어디일까? 사물을 자성이 없는 무상한 현상으로 보는 불교에서는 전혀 고민할 필요가 없는 이런 문제들이 서양철학에서는 풀 수 없는 난제다. 불교에서는 자성을 가진 대머리 중년이 실재한 적이 없고, 성인의 고정불변한 본성도 없으며, 뜰도 야외 들판도, 책상, 의자, 펜도 자성을 가지고 실재한 적이 없다. 이것들은 모두 끊임없이 변하는 현상 또는 환幻에 불과하다. 불자들은 그것들의 분명한 경계를 정하는 일이 처음부터 가능하지도 않다는 점을 알고 그런 분별을 시도하지도 않는다. 그래서 이것들이 우리를 지적知的 고뇌의 늪에 빠뜨릴 난제일 이유가 없다.

당신 무릎 위 고양이는 몇 마리인가

지금 당신의 무릎 위에 고양이 한 마리가 앉아서 따뜻한 햇볕을 즐기고 있다고 상상해 보자. 상식적으로 여기 고양이가 한 마리밖에 없다는 점에 이의를 제기할 사람은 없다. 그런데 20세기 후반 영미권의 형이상학에 지대한 영향을 끼쳤던 미국의 데이비드 루이스 같은 철학자는 지금 당신 무릎 위에는 실제로 한 마리가 아니라 무수히 많은 고양이가 앉아 있다고 논증한다. 그의 견해를 살펴보겠다.

이 고양이는 셀 수 없이 많은 털을 가지고 있는데, 그 가운데 특정한 하나의 털만 없는 고양이는 지금 이 고양이와 완전히 동일한 고양이가 아니다. 그래도 고양이는 고양이다. 그래서 지금 현재 당신의 무릎 위에는 원래의 고양이와 그 털 하나만 없는 고양이 두 마리가 앉아 있다. 그런데 그 털 말고 다른 털 하나만 없는 고양이도 당신 무릎 위에 앉아 있다. 그러면 벌써 세 마리의 고양이가 있다. 이런 방식으로 계속 세어 나가면, 이 고양이가 가진 털의 수만큼 많은 고양이가 당신 무릎 위에 앉아 있는 셈이 된다. 데이비스 루이스는 이들 고양이 모두의 형이상학적 또는 존재론적 실재實在를 믿어 의심치 않았다.*

위의 논의를 더 밀고 나가면, 고양이의 수가 실은 그 털의 수보다 훨씬 더 많다. 귀가 한 쪽 없는 고양이, 눈이 한 쪽이 작은 고양이, 꼬리가 조금 짧거나 긴 고양이, 체중이 몇 그램 무겁거나 가벼운 고양이, … 그리고 이런 경우들의 다양한 조합 등을 고려하면, 당신 무릎 위에는 정말 무수히 많은 고양이가 있다. 이 점은 시간이 흐르면서 고양이 몸에 많은 변화가 일어난다는 점을 고려하면 더욱 분명해진다. 털갈이 계절이 되면 털이 빠지고 새 털이 나게 되는데, 이런 경우에도 참으로 많은 고양이가 새로 생겨난다. 고양이 몸에 일어나는 다른 변화에도 같은 이야기가 적용된다.

위대한 형이상학자라고 해도 데이비드 루이스의 주장은 받

---

* 한 물체의 모든 부분 하나하나가 그 물체의 동일성(identity)을 구성하는 필수적 요소라고 보는 이와 같은 견해를 부분전체론적 본질주의(mereological essentialism)라고 한다. 이 입장에서는 털 하나만 다른 고양이도 존재론적으로 분별되는 다른 실체로 존재한다고 보게 된다.

아들이기가 정말 곤란하다. 나는 이런 견해가 서양인들이 가지고 있는 실재론(realism)적 사고방식으로부터 비롯된다고 생각한다. 그들에 의하면 만물이 모두 독자적인 개체로서 나름대로의 자성을 가지고 실재하기 때문에, 당신 무릎 위에 한 마리로 보이는 고양이가 실제로는 조금씩이라도 다른 개체적 본질(individual essence)을 가진 무수히 많은 고양이로 실재한다고 보아야 한다. 그러나 나는 다음과 같은 간단한 반론으로 이 주장을 논파할 수 있다고 생각한다.

실재하는 고양이는 무게가 나간다. 지금 내 무릎 위 고양이 한 마리는 5킬로그램이다. 그런데 실재하는 1,000마리의 고양이만 내 무릎 위에 앉아 있어도 그것은 5,000킬로그램의 무게가 나갈 것이고, 그러면 내 다리는 남아나지 않을 것이다. 그러나 내 무릎 위에는 5킬로그램밖에 더해진 무게가 없다. 따라서 데이비드 루이스의 무수히 많은 고양이의 실재에 관한 철학적 논증은 옳지 않다.

불교에서는 우리가 '고양이'라는 이름으로 부르고 있는 것도 다른 사물과 마찬가지로 자성이 없어 공하며 또 끊임없이 변화하여 단지 무상한 현상(幻)의 흐름으로 본다. 자성을 가지고 실재한 적도 없는 고양이가 수없이 많이 존재한다고 결론지어야 하는 어처구니없는 논증은 서구적 실재론이 가지고 있는 잘못된 전제 때문에 생겨나는 것이다. 이런 실재론에 반대하는 불교에서는 위와 같은 난제(?)가 처음부터 존재하지도 않는다. 무상과 공을 받아들이며 원래 한 물건도 없다는 본래무일물本來無一物을 터득한 불자에게는 한 구름도 없고 한 고양이도 없다. 실재하지도 않는 구름과 고양이에 관한 숫자 놀음에 지칠 이유가 없다.

어느 철학자의 본질주의와 실체론의 문제

20세기 후반의 천재라고 불리던 소울 크립키Saul Kripke는 그가 서른을 전후해 강의한 내용을 모은 책 『이름과 필연(*Naming and Necessity*)』으로 철학사에 한 획을 그었다. 나는 이 책이 크게 주목받을 수 있었던 이유는, 서구인들이 그의 주장이 바탕으로 하는 그들 전통의 본질주의와 실체론을 여전히 믿어 의심치 않기 때문이라고 생각한다. 그의 견해는 연기와 공 그리고 무상의 가르침을 받아들이는 불교와는 정반대되는 입장이어서 우리가 짚고 넘어가지 않을 수 없다.

크립키는 한 개인을 그 개인이게끔 만들어 주는 무엇이 있다는 우리의 (잘못된) 직관에 의거하여 그의 형이상학적 주장을 폈다. 아리스토텔레스는 철학을 하지 않았을 수도 있고, 플라톤에게 배우지 않았을 수도 있고, 알렌산더대왕의 스승이 아니었을 수도 있었다. 그러나 그렇다고 해서 아리스토텔레스는 아리스토텔레스가 아니었을 수 없다. 아리스토텔레스에 대해 기술되는 것들은 모두 우연적인 속성으로서, 아리스토텔레스를 아리스토텔레스이게끔 해 주는 필연적인 속성, 즉 그의 개체적 본질(individual essence)과는 상관없기 때문이다. 그가 이 모든 우연적 속성을 하나도 가지고 있지 않았더라도 그는 그를 그이게끔 해 주는 본질을 가지고 동일한 실체로 존재했을 것이다. 이러한 주장은 영혼이 인간의 본질을 구성한다고 믿는 서구인에게 직관적으로 다가오지만, 한 걸음만 더 나아가 비판적으로 검토해 보면 그 설득력을 잃게 된다.

아리스토텔레스의 어떤 신체적 또는 심리적 속성도 무상할 수밖에 없기 때문에 그의 본질이 되지 못한다는 점은 크립키도 인정한다. 그런데 크립키는 아리스토텔레스가 잉태된 당시의 수정란이 그의 본질을 구성한다고 주장한다. 그의 기원(origin) 으로서의 수정란은 결코 대체될 수 없는 그의 개체적 본질이고, 그는 결코 다른 수정란으로부터 기원했을 수는 없다고 한다. 일견—見 설득력 있는 견해다. 그러나 이는 자연과학을 너무 소박하게 받아들인 데서 비롯된 독단적인 주장이다. 그 이유를 보기 위해 질문해 보겠다.

끊임없이 움직이고 변화하는 정자가 난자의 세포벽을 뚫고 들어가는 순간이 수정란이 생성되는 시기인가? 아니면 정자세포의 핵이 난자세포의 핵을 만나는 순간이 수정란이 생기는 시기인가? 두 세포의 핵이 얼마나 많이 융합되어야 수정란이라고 볼 수 있는가? 자궁벽에 착상하기 전에도 개체의 기원이 되는 수정란이라고 볼 수 있을까? 위에서 대머리, 성인이 되는 나이, 그리고 뜰 앞의 야외 들판 등의 예에서 보았듯이, 이런 것들은 우리가 정확히 선을 그어 그 경계를 구분할 수 없는 현상이다. 수정란이 생성되는 시점을 정할 수 없으면 기원의 시점을 정할 수 없는데, 이렇게 시점이 불분명한 기원이 어떻게 아리스토텔레스의 개인적 본질이 될 수 있겠는가. 이와 같은 문제 때문인지는 몰라도 분석철학계에서 크립키 이후 개인의 개체적 본질을 논할 때 수정란 같은 기원을 거론한 적은 거의 없다. 그 대신 아리스토텔레스임, 플라톤임, 이순신임 같이 코미디 영화의 대사에나 나올 법한 엉뚱한 속성(?)을 개체적 본질로 거론하게 되었다.

크립키는 모든 자연종(natural kinds)에도 그것의 필연적인 속성, 즉 본질이 실재한다고 주장한다. 자연종이란 물이나 소금, 나무, 동물, 바위, 원소 같이 자연적으로 생겨나는 종(kind)을 의미한다. 예를 들어 크립키는 과학자들이 물은 H_2O의 분자구조를 가지고 있다는 점을 발견했고 이 H_2O의 분자구조가 물의 본질이라고 주장한다. 아무리 무색, 무취의 투명한 액체여서 현상적으로 우리의 물과 아무런 차이가 없더라도 그것의 분자구조가 H_2O가 아니라면 물이 아니라고 말한다. 그에 의하면 과학자들이 물이 H_2O임을 밝혀 낸 이상, H_2O가 아닌 어떤 액체도 물이 아니다.

그런데 과학자들의 발견을 근거로 자연종의 본질의 실재를 주장하는 크립키의 견해는 과학자들의 또 다른 발견에 의해 반박되어 왔다. 물이기는 하지만 수소원자가 더 무거운 동위원소로 되어 있는 중수(重水, heavy water)는 '물=H_2O'라는 등식에 위배된다. 물과 H_2O가 필연적으로 동일하지 않고, 따라서 H_2O임이 물의 본질이 될 수도 없다. 한편 물이 현재 H_2O라는 분자구조를 가지고 있더라도 만약 소립자 세계의 법칙에 다소 변화가 생긴다면 물이 H_2N의 분자구조를 가지게 될 수도 있다. 물을 비롯해 화학물질의 미시구조를 그것의 변치 않는, 즉 무상하지 않은 본질로 보는 것은 옳지 않다. 한편 이 문제는 금金과 같은 원소에도 그대로 적용된다. 크립키는 "금은 원자번호 79인 원소이다."라는 명제가 우리에게 금의 변치 않는 본질을 보여주는 진리라고 주장하지만, 금에도 여러 동위원소가 있어서 그것의 원자번호를 쉽게 단정 지을 수 없다. 또 위에서 H_2N의 예가 보여주듯이, 금과 관련해서도 소립자 세계의 법칙들에 변화가 온다면 이 명제가 수정되어야 할 것이다.

물이나 금처럼 손에 잡히고 눈에 보이는 물체뿐만 아니라 열 (熱, heat)과 같이 단지 현상으로만 존재하는 자연종에 대해서도 마찬가지의 논의가 가능하다. 크립키는 과학자들이 열은 근본적으로 분자운동이라는 진리를 발견했다면서, 분자운동이 열의 본질이라고 단정한다. 그러나 자연과학이 발달하면서 우리가 열이라고 보는 현상은 훨씬 더 넓은 영역으로 확대되었다. 전자레인지에서 사용하는 마이크로웨이브도 열로 인정받고, 방사능(radiation)도 열의 일종으로 간주된다. 왜냐하면 이들 모두가 열이라는 현상이 수행하는 모든 기능을 제대로 다 수행하기 때문이다. ─얼음을 녹이고, 종이를 태우며, 풀잎을 말리고, 이것이 너무 많으면 구조물을 파괴할 수 있고 등등. 그래서 자연과학이 발달함에 따라 '열'이라는 개념이 적용되는 대상이 분자운동 외에도 여럿 추가되었다. 앞으로 얼마나 더 추가될지는 아무도 모른다. 크립키의 확신에도 불구하고 열에도 영원불변한 고정된 본질이 없다.

자연과학의 성과에 고무되어 과학자들이 발견한 내용을 그대로 고정불변한 본질이라고 받아들인 크립키의 주장이 20세기 후반 한동안 서양철학계를 풍미했지만, 자연과학의 성공에 기반을 둔 그의 자연종의 본질에 대한 믿음은 오히려 자연과학의 계속적인 변화와 발전에 의해 끊임없이 반박되어 왔다.

지적知的인 고뇌도 고품다

서구의 상식으로는 사물이 고정불변한 본질을 가지고 실체로서 실재한다. 그래서 사물은 무상하지 않다. 그러나 지금까지 이번 장에서 살펴보았듯이, 이런 사고방식은 해결할 수 없는 많은 난제에 부딪히게 된다. 한편 삼라만상이 연기하기에 자성을 결여하여 공하며 또 조건의 생멸에 따라 끊임없이 변화하여 무상할 수밖에 없다고 보는 불교에서는 이런 문제들이 처음부터 생겨나지도 않는다. 잘못된 전제로부터 비롯된 철학적 난제 때문에 많은 사람들이 오랫동안 힘들어 해 왔다. 어리석음으로부터 비롯된 지적 고뇌도 고품이다.

이치를 따져가며 헤아려 보면 만물이 무상하다는 진리를 부정할 수 없다고 인정하더라도, 믿고 의지할 수 있는 불변하는 어떤 것에 대한 우리의 동경과 집착은 벗어나기 어려운 것 같다. 불교를 제외한 세계의 주요 종교가 모두 실체로서의 영혼 또는 아뜨만의 존재를 받아들이는 것만 보아도 그렇다. 이들 종교는 (무상하지 않고) 항상恒常한 것에 대한 우리의 집착을 충족시켜 줄 절대 불변의 신이나 영혼 같은 여러 상相을 제시하고 신자들에게 이것을 받아들이도록 요구한다. 그러나 불교에서는 이와 반대로 상에 대한 집착이 오히려 이런저런 고통을 초래한다고 가르친다.

"상相"의 여러 의미

불가佛家에서는 '상을 만들지 마라', '상을 버려라', '상에 집착하지 마라', '상으로 차별해서는 안 된다' 등의 표현을 자주 사용하는데, 한자어인 "상相"에는 여러 다른 의미가 있다: 모습, 형태, 상태, 양상, 외견의 모습, 차별의 모습 등. 한편 유식론에서는 상을 외견의 모습이라고 보지 않고 '본체'라고 해석하기도 한다. 그렇다면 사물의 밖으로 드러나 있는 모습과 그것의 본체가 모두 상이라는 셈인데, 이렇게 정반대의 의미를 모두 하나의 한자어 "상相"으로 표현하고 있어서 혼란이 야기되는 것 같다. 그런데 나는 플라톤의 형상(形相, 이데아, form)의 개념으로 상을 이해하면 이런 혼동의 가능성을 방지할 수 있다고 생각한다.

플라톤은 우리세계에서 완벽한 삼각형을 그릴 수 없다고 주장한다. 왜냐하면 예를 들어, 삼각형의 변을 이루는 완벽한 직선은 우리 경험세계에 존재하지 않기 때문이다. 그럼에도 불구하고 우리가 삼각형의 개념을 온전히 이해할 수 있는 이유는 우리 영혼이 가진 이성理性의 능력으로 삼각형의 본질을 꿰뚫어 볼 수 있기 때문이다. 천상天上 또는 어떤 형이상학적 세계에 존재하는 삼각형 그 자체, 즉 삼각형의 형상이 우리세계의 불완전한 각각의 삼각형들로 예화例化된다. 그밖에 우리 세계에 존재하는 모든 사물과 속성, 가령 의자, 집, 인간, 색깔, 무게, 길이, 아름다움, 정의正義 등에는 완전한 것이 아무것도 없음에도 불구하고 우리는 영혼의 능력으로 이것들이 가진 완벽한 형상을 이해한다.

플라톤은 불완전하고 스러질 우리 육신의 일부인 감각기관으로 파악하는 이 세상의 사물이 모두 불완전하고 스러질 것들인 것과 마찬가지로, 영원 불변불멸한 우리 영혼이 가진 이성의 힘으로 파악되는 형상들은 우리 영혼과 같이 영원 불변불멸한다고 본다. 그에 의하면 이러한 형상들은 실제로 존재하는 실재實在들이다. 그런데 플라톤의 형상은 위에서 본 불교에서의 "상"이 지칭하는 모양, 형태, 차별의 모습, 겉으로 드러나는 모습, 그리고 본질과 본체를 모두 포괄한다. 사물과 그 사물 안팎의 속성들 각각에 대해, 완전하게 드러나 있든지 아니면 불완전하게 드러나 있든지, 모두 형상이 존재한다고 보기 때문이다. 그래서 나는 본고의 나머지 부분에서 '상'을 플라톤의 '형상

形相'으로 이해하고 논의를 진행하기로 한다.

상相과 무상

플라톤은 상이 영원 불변불멸한 이유가 이런 상을 파악하는 이성의 힘을 가진 우리의 영혼이 영원 불변불멸하기 때문이라고 주장한다. 그런데 인식의 주체와 인식되는 대상이 비슷한 성격을 가질 수밖에 없다고 본 그의 논증은 설득력이 부족하다. 그 이유는 작은 새가 커다란 망원경으로 관찰된다고 해서 큰 새가 되는 것은 아닌 이치와 같다. 그러나 이 문제는 본고의 주제와는 거리가 있어서 여기서 더 논의하지는 않겠다.

소크라테스와 플라톤의 영혼관은 원래 불멸하는 영혼의 윤회를 믿었던 피타고라스학파에 영향 받아 형성되었고, 이 피타고라스학파는 아뜨만의 존재를 주장하는 힌두교의 영향으로 그런 생각을 가지게 되었다고 보는 학자들이 있다. 어쨌든 플라톤과 피타고라스학파에 의하면 영혼은 조건에 의해 생멸하지 않기 때문에 무상하지 않다. 그리고 무상하지 않기 때문에 영원히 불변하고 불멸한다. 이와 같은 성격을 가진 영혼에 의해 파악되는 모든 상도 조건에 의해 생멸하지 않고 영원 불변불멸한다. 천상에 존재한다는 사물과 속성 그 자체, 즉 삼각형의 상, 의자의 상, 색깔의 상, 정의正義의 상 등은 모두 아무 조건에 의해서도 생멸하지 않고 그것들 스스로 불변하는 속성을 가지고 영원히 존재한다. 그리고 이런 것들이 우리 세계에 존재하는 사물과 속성에 부분적으로, 즉 불완전하게 예화된다고 한다. 의자의 상과 꽃의 상은 본질적으로 구별되고 전적으로 다른 존재자들이어서, 이 세상의 모든 의자와 꽃은 서로 아무 관련이 없이 분별되고 서로로부터 차별된다.

그런데 우리가 어떤 특정한 상을 통해 세계를 바라보면 모든 사물을 그 상에 속하는 것들과 그렇지 않은 것들로 양분하여 분별하고 차별하게 될 수밖에 없다. 그러면 이 세계의 모든 사물이 서로 이런저런 방식으로 연결되고 연관된 상태로 존재한다고 보는 연기(와 공空)의 관점을 취할 수 없게 된다. 예를 들어, 우리가 '고양이'이라는 상을 가지고 있다면 우리는 고양이를 고양이로 만들어 주는 자성自性이 있다고 보게 되어 공의 가르침을 거스르게 된다. 또 모든 사물을 고양이와 고양이 아닌 것으로 양분하게 되어 모든 사물이 서로 걸림 없이 연기한다는 불교의 가르침도 거스르게 된다. 이와 같이 상에 대한 집착은 분별과 차별을 초래해서 연기와 공의 관점을 취해야만 가능한 깨달음의 길에 장애로 작용한다.

언어와 상相

플라톤이나 데카르트 같은 철학자들은 인간에게는 태어날 때부터 가지고 있는 본래적인 관념들(innate ideas)이 있다고 믿었는데, 그 대표적인 예가 모두에게 가장 일반적으로 받아들여지고 있는 논리학의 법칙과 수학의 개념이다. 이들은 만약 이런 법칙과 개념이 인간에게 본래적으로 존재하지 않는다면 이것들이 어떻게 인류 전체에 보편적으로 받아들여질 수 있겠느냐고 논하며, 이런 것들을 우리가 가지고 태어나 자연스럽게 따르는 상과 같은 것으로 본다. 그러나 영국의 경험론자 존 로크가 반박했듯이, 보편적으로 받아들여지는 법칙이 있다고 해서 그것이 우리에게 본래적으로 주어진 상이라는 점을 증명하지는 못한다. 왜냐하면 그것들 모두가 우리의 언어사용 습관이나 교육을 통해 모든 사람에게 보편적으로 학습되어 그렇게 보일 수 있기 때문이다. 한편, 지적장애자나 어린이, 그리고 교육을 받지 못한 사람은 이런 논리학의 법칙이나 수학의 개념에 아무런 지식도 가지지 못하는 점으로 미루어 보아 이런 것들이 우리에게 본래적으로 주어진 상이라는 주장은 설득력이 없다.

동서고금을 막론하고 철학자들은 사람들이 상을 가지게 되는 주된 이유가 우리가 언어를 사용하면서 가지게 되는 습관과 관련 있다고 판단했다. 봄에 피는 서로 비슷한 모양의 노란 꽃을 보고 우리가 이것들을 모두 "민들레"라는 보통명사를 이용해 부르게 되면서 사람들은 이 모든 것을 동일한 민들레이게끔 해 주는 어떤 자성이 있다고 믿게 된다. 그리고는 이로부터 민들레에 대한 어떤 고정불변한 상을 만들어 낸다. 그밖에도 "의자", "바위", "나무", "학교", "구름", "고양이" 등 보통명사는 우리가 마치 그에 상응하는 의자들, 바위들, 나무들, 학교들, 구름들, 고양이들에 각각 나름대로의 본질, 즉 자성이 존재할 것이라고 믿게 하고 이에 따라 각각의 상을 만들어 낸다.

　그러나 우리는 경험을 두루뭉술하게 정리하기 위해 만들어 낸 보통명사를 두고 마치 그것이 자성을 지칭하는 듯 착각하여 상을 만들고 집착하면 안 되겠다. 왜냐하면 우리가 경험을 분류하고 정리하는 인식작용으로 만들어 낸 상들이 이 세상에 새로이 창조되어 독자적으로 존재하게 되는 것은 아니기 때문이다. 한편, 꽃의 색깔과 모양을 대강 보고 주먹구구식으로 명명한 "민들레"라고 불리는 식물은 자세히 관찰해 보면 하나의 종種이 아니라 여러 다른 종일 수도 있고, 또 이 종은 고정불변한 자성을 가지고 있는 것이 아니라 끊임없이 변이하고(mutate) 주어진 환경과 상호작용하면서 진화해 나간다. 민들레에는 고정불변한 자성이 존재하지 않기 때문에 이러한 민들레에 고정된 상相을 가지고 접근하는 것은 현명치 않다. 그리고 이러한 통찰은 "의자", "바위", "나무", "학교", "구름", "고양이" 등과 같이 보통명사가 지칭하는 대상으로 존재하는 이 세상 모든 것에도 그대로 적용된다. 자성이 없이 공한 것들에 대해 우리가 단지 같은 보통명사를 쓴다는 점을 가지고 마치 그것들에 공통된 자성이 있다는 듯이 상을 만들어 집착한다면 그것은 무엇보다 먼저 연기와 공空의 가르침을 정면으로 거스르는 일이다.

감각질과 상相

서양현대 심리철학자 대부분은 우리가 의식 속에서 느끼는 색깔, 소리, 맛, 냄새 등의 감각질(qualia)은 물리현상으로 환원될 수 없는 어떤 고유한 본질, 즉 자성을 가지고 있다고 본다. 그리고 이러한 감각질의 존재가 우리의 심리 또는 정신세계가 물질세계로부터 독립되어 독자적으로 작동하는 증거라고 주장한다. 영혼의 존재를 믿는 사람들이어서 그런지는 몰라도 서양 철학자들은 우리의 심리/정신 현상이 반드시 물질세계와는 다르고 독자적인 법칙에 의해 움직여야 한다고 보아야만 직성이 풀리는 것 같다. 나는 여기서 심리현상을 분별하고 물리현상을 차별하는 상相에 매달리는 이들의 견해가 연기와 공의 진리에 어긋나는 사견邪見이라는 점을 언급하지 않을 수 없다.

　민들레의 노랑 빛깔은 먼저 민들레꽃의 표면에 반사된 빛의 노란색 부분의 파장이 우리 눈의 망막에 들어와 그 신호가 신경체계를 거쳐 우리 의식에 나타나는 과정을 거쳐야 비로소 의식의 내용으로 존재하게 된다. 불교에서 전통적으로 말하는 근根·경境·식識의 삼사화합三事和合의 과정이 이와 관련되어 있다. 그런데 이렇게 근경식의 인과(연기)작용에 의해 생겨난 결과물로서의 감각질은, 우리가 전에 논의한 나가르주나의 『근본중송』 첫째 장의 인과에 대한 논의가 보여주듯이, 결코 독자적인 본질, 즉 자성을 가질 수 없어서 공空하다. 이렇게 공한 것이 물리현상에 대조되는 심리현상의 특징을 대표하는 상이 될 수는 없겠다. 색깔, 냄새, 맛, 소리의 경험인 모든 감각질은 (근경식의) 여러 요소가 결합되어 만들어진 일종의 복합체로도 볼 수 있는데, 우리는 이미 모든 복합체는 자성을 결여하여 공하다는 논의를 살펴보았다. 현대서양 심리철학에서 물리주의에 반대하는 마지막 보루로서의 자성을 가진 감각질의 존재와 그와 관련된 상은 모두 연기와 공의 논점에 무력할 수밖에 없다.

상相이 가지는 문제들

철학에는 우리 언어에 보통명사가 존재한다는 이유만으로 그것이 지시하는 대상이 반드시 세상에 존재하지는 않는다는 문제가 잘 알려져 있다. 용龍, 페가수스(날개 달린 말), 유니콘 같은 신화적 동물은 이름도 있고 또 이들과 관련된 많은 이야기가 전해내려 오지만, 이것들은 세계에 존재하지도 또 존재해본 적도 없다. 사람들이 용, 페가수스, 그리고 유니콘에 대해 많은 상을 가지고 있지만, 이 상들은 결국 모두 허구(fiction)에 관한 것이라는 점이 분명하다. 상에 대한 집착이 무용無用함을 보여주는 좋은 예들이다. 물론 불교에서는 이런 신화적 동물들에 대한 상뿐 아니라 존재하는 어떤 것에 대한 상도 결국 자성을 결여한 허구에 대한 것일 뿐이라고 가르친다.

언어적 표현이 있기 때문에 상이 만들어져서 우리를 많이 당황스럽게 만드는 경우들도 있다. "결혼한 총각"이나 "둥근 사각형"과 같은 표현은 논리적으로 모순인 개념을 내포하는데, 철학자들은 이렇게 모순을 포함하는 개념에 해당되는 대상은 세상에 실제로 존재할 수 없다고 판단한다. 이것들이 마치 제대로 된 언어표현인 것처럼 보여서 사람들은 '결혼한 총각'이나 '둥근 사각형'이라는 상을 만들 수도 있겠는데, 우리는 이렇게 언어표현에 의존하는 인간의 오랜 습성으로 만들어진 상이라는 것이 얼마나 헛된가를 바로 보아야 하겠다.

우리 언어에는 위와 같이 쉽게 그 모순이 드러나는 개념도 있지만, 이와는 달리 차분하게 따져 보아야 비로소 그 문제점이 드러나는 것도 있다. 유명한 이발사의 역설(Barber's Paradox)

같은 것이 그 예이다. 온 세계의 마을 마을에 스스로를 면도하지 않는 사람만을 모두 면도해 주는 이발사가 한 사람씩 있다면, 우리는 이런 이발사들에 대한 상을 가질 수 있겠다. 이런 상을 바탕으로 이런 이발사들을 좋아하는 팬클럽마저 생길 수 있겠다. 그런데 문제는 이런 이발사들이 존재할 수 없다는 점이다. 우리는 다음과 같은 간단한 질문으로 이 문제를 확인할 수 있다.

스스로를 면도하지 않는 사람만을 모두 면도해 주는 이발사가 있다면,

(1) 이런 이발사들은 스스로를 면도할까? ─ 이들이 스스로를 면도한다면 면도하지 않는다. 왜냐하면 그들은 스스로 면도하지 않는 사람만을 면도해 주기 때문이다.

(2) 이런 이발사들은 스스로를 면도하지 않을까? ─ 그들이 스스로를 면도하지 않는다면 그들은 스스로를 면도한다. 왜냐하면 그들은 스스로 면도하지 않는 사람을 모두 면도해 주기 때문이다.

결국 이런 이발사들은 스스로를 면도하면 면도하지 않고, 스스로를 면도하지 않으면 면도한다. 이것이 이발사의 패러독

스이다.

우리 일상 언어에는 이와 같이 논리적으로 패러독스에 빠지게 만드는 표현과 개념도 있다. 철학자들은 패러독스에 이르게 하는 개념이나 언어적 표현에 해당되는 대상은 이 세상에 실제로 존재할 수 없다는 점에 동의한다. 그래서 우리가 이런 표현들을 바탕으로 만들어 놓은 상에 집착한다는 것은 참으로 당황스러운 일이 아닐 수 없다.

언어표현으로부터 만들어진 상이 가진 여러 문제가 있지만, 상을 천상이나 형이상학적 세계에 존재하는 실재實在들로 보아도 우리는 여전히 해결할 수 없는 난제에 직면한다. 이런 천상의 상이 지상의 사물에 예화되어야 꽃이나 나무, 바위, 집 등이 될 수 있다는 것이 플라톤의 견해인데, 이런 예화의 과정 자체가 논리적으로 받아들일 수 없는 오류를 포함하기 때문이다. 먼저 노란 꽃의 상이 (민들레라는) 풀에 예화$_1$된다고 해 보자. 그렇다면 이런 예화$_1$는 어떻게 가능하게 되는 것일까? 그것은 예화의 상이 한 단계 더 높은 차원에서 예화$_2$되기 때문일 것이다. 그런데 이 예화$_2$를 가능하게 해 주는 것은 예화의 상이 그보다도 더 높은 차원에서 예화$_3$되기에 그렇겠고, … 이 과정은 무한히 계속된다. 이런 문제는 논리학에서 경고하는 무한소급의 오류에 해당되는데, 철학자들은 이런 오류를 발생시키는 개념(相)의 존재를 인정하지 않는다. 그래서 플라톤이 말하는 실재하는 상은 그것이 예화되는 과정을 설명할 수 없기 때문에 그 존재를 받아들이기 더욱 어렵다.

불교가 보는 상相의 문제

상과 상에 대한 집착은 그것에 해당되는 대상들이 어떤 자성을 가지고 그밖의 사물들과 분별되어 독립적으로 존재한다는 미혹된 견해를 산출하기 때문에 경계해야 한다. 불교에서 잘 알려진 아상我相, 인상人相, 중생상衆生相, 그리고 수자상壽者相의 사상四相은 이 네 가지 상에 대한 집착을 경계해야 한다는 가르침이다. 그런데 이러한 가르침은 존재하는 모든 것들에 대한 각각의 상에도 그대로 적용된다. 그 이유를 간단히 살펴보겠다.

'나'에 대한 상을 가진다면 스스로 독립적으로 존재하는 아뜨만으로서의 참나에 집착하게 될 것이다. 이는 불교의 무아론에 배치된다. 어떤 한 개인, 예를 들어 '이순신'이라는 개인에 대한 상을 만들어 놓는다면, 우리는 이순신이 어떤 자성을 가지고 존재했다고 믿으며 집착하게 될 것이다. 이는 공空의 가르침에 어긋난다. 한편 위에서 논의한 보통명사로 표현되는 상에 대해서도 마찬가지의 논의가 적용된다. 예를 들어 우리가 '민들레'라는 상을 마음에 품는다면 우리는 먼저 '민들레임'이라는 자성을 가진 민들레들을 분별하고, 이 세상을 민들레들과 민들레 아닌 것들의 두 그룹으로 나누어 이들을 서로로부터 차별할 것이다. 그러나 이는 공의 가르침에 어긋나고 또 서로 연기하여 상호작용하며 걸림 없이 연결되어 있는 이 세계의 진정한 모습을 왜곡시키게 될 것이어서 우리를 깨달음의 길에서 멀어지게 할 것이다.

연기와 공의 가르침에 어긋나고 자성에 대한 집착을 일으켜 이 세상을 분별과 차별의 눈으로 왜곡해서 보게 만드는 그 어떤 상에도 매달려서는 안 되겠다. 실은 처음부터 상을 일으키지도 말아야 한다.

6장

무아

우리는 지금까지 연기와 공에 대한 논의로부터 만물이 조건에 의해 생성·지속·소멸하기 때문에 어느 것도 스스로 존재 (自在)할 수도 또 자성을 가질 수도 없어서 모든 것이 공하다는 가르침을 살펴보았다. 그러면서 모든 사물은 언제나 그것을 생멸하게 만드는 조건이 더 모이거나 흩어지기 마련이어서 끊임없이 변화할 수밖에 없다는 무상의 진리도 함께 논의했다. 불교가 어떤 종교나 철학보다도 열린 체계를 가지고 있지만, 연기와 공 그리고 무상은 결코 양보하거나 타협할 수 없는 불교의 기본적인 가르침이다.

힌두교와 그 전신인 바라문교, 그리고 서양종교에서는 고정불변한 자성을 가지고 스스로 영원히 존재한다는 '참된 나', 즉 아뜨만atman이나 영혼의 존재를 받아들인다. 우리가 일상에서 경험하는 것들 가운데 이렇게 영원 불변불멸한 것은 하나도 없음에도 불구하고, 또는 그런 것이 없기 때문인지는 몰라도, 이들 종교의 신자들은 참나와 영혼을 신앙으로 받아들인다. 그러나 아뜨만이나 영혼의 존재에 대한 주장은 불교의 가르침인 연기와 공 그리고 무상을 정면으로 거스른다. 아뜨만과 영혼은 조건에 의해 생멸하지 않고 독립적으로 존재하는 실체이며, 말로 표현할 수 없는 '굉장한' 자성을 가지고 영원 불변불멸한다. 불교에서는 그런 존재를 받아들이지 않아야 이치에 맞고, 붓다께서도 직접 그런 아뜨만이 존재하지 않는다는 무아無我의 가르침을 펴셨다. 붓다의 무아론을 논의하기에 앞서 아뜨만과 영혼 그리고 자아의 개념에 대해 살펴보기로 한다.

바라문교와 힌두교의 아뜨만

그 옛날 힌두교의 전신인 바라문교의 성전聖典 『베다Vedas』에는 '진정한 나' 또는 '절대적인 주체로서의 나'가 무엇인가에 대한 논의가 전개되었다. 그들은 다음과 같은 방식으로 물었다.

이 육신이 참된 나인가?—그럴 리가 없다. 육신이란 결국 소

화된 음식물에 불과한데, 그런 하찮은(?) 것이 참된 나일 리
가 없다.

그렇다면 물질의 차원을 넘어 우리 의식세계에 존재하는 감
각경험이 절대적인 나인가?─감각경험일 수도 없다. 왜냐하
면 의식에는 감각의 기능을 넘어서 언어를 사용하며 논리적
추론을 전개하는 고차원의 사고 능력도 있기 때문이다.

그러면 결국 의식의 최고 기능인 사고 기능이 참된 나인가?
─아니다. 사고 기능 자체가 아니라 그런 기능을 포함해 모
든 의식을 가능하게 하는 우리 존재의 근저에 있는, 어떤 말
로 표현할 수 없는 자성을 가진 기체基體가 있고, 그것이 참
된 나이다.

바라문교에서는 우리의 모든 의식을 안으로부터 주체적으로
가능하게 하는 기체를 아뜨만이라고 불렀다. 이 아뜨만은 '절
대적인' 주체(subject)로서, 절대적이다 보니 그것은 결코 객체
(object)가 될 수 없다고 여겼다. 그런데 아뜨만이 가진 어떤 속
성을 표현하려면 아뜨만을 표현의 대상(object)으로 보아야 하
는데, 아뜨만은 결코 대상화 또는 객체화될 수 없기 때문에 아

뜨만의 속성은 말로도, 그림으로도, 그리고 그밖의 어떤 수단으로도 표현할 수 없다. 종교적 수행으로 깊은 명상에 들어 스스로 아뜨만과 하나가 되는 과정을 통해 해탈(moksha)하고 윤회의 굴레에서 벗어날 수는 있지만, 이런 아뜨만을 언어로 기술할 수는 없다.

아뜨만을 영어로는 self(자아自我)로 번역하는데, 최근에 영어권 불교학자들은 자아(self)와 영혼(soul)을 같은 것으로 보며 논의를 전개한다. 한국어로는 불교계 일부에서 말하는 '참나'에 해당된다. 여기서 영혼은 우리가 영화에서 보는 어떤 연기(smoke) 같은 것이 아니라 철학 및 종교적 의미에서의 추상적 존재인 영혼을 말한다. 불교의 무아론은 이러한 아뜨만이나 영혼 또는 참나가 존재하지 않는다는 가르침이다.

서양종교의 영혼

나이가 50대 이상이라면 누구나 어릴 때 찍은 흑백으로 된 백일이나 돌 사진 한 장은 가지고 있을 것이다. 어느 날 우리 친구 길동이가 우리에게 그의 돌 사진을 보여주며 "애가 나야."라고 한다. 우리는 보통 "그래? 귀엽다."라고 대꾸해 준다. 그런데 한 번 생각해 보자. 사진 속의 아이는 오십이 넘은 길동이와 생긴 것도 틀리고, 말도 몇 마디 못하고, 키도 작고, 몸무게는 훨씬

적고, 길동이가 잘 하는 영어는 한 마디도 못한다. 그런데 우리는 도대체 무엇을 보고 사진 속의 아이와 오십이 넘은 길동이가 같은 사람이라고 생각할까?

영혼을 믿는 서양인들은 쉽게 답할 수 있다. 그들은 흑백사진 속의 아이와 우리 길동이는 동일한 영혼을 가지고 있기 때문에 같은 사람이라고 한다. 영원히 불변불멸한다는 영혼을 믿는 사람들에게는 처음부터 이런 철학적 문제에 대한 고민이 없다. 그러나 이렇게 굉장하다는 영혼의 존재를 믿지 않아 온 동아시아 사람들에게 이 답변은 논리적으로 선결문제 요구의 오류를 범한다. 왜냐하면 서양인들이 영혼의 존재를 먼저 의심의 여지없이 증명한 이후에야 사진 속 아이와 우리의 길동이가 동일한 영혼을 가졌기 때문에 같은 사람이라고 주장해야 옳기 때문이다. 그러나 영혼의 존재에 대한 논증은 철학적으로 너무도 많은 문제를 가지고 있다.

영혼 또는 자아(self)는 '어떤 사람을 동일한 그 사람이게끔 해 주는 그 무엇'이다. 그런데 우리말로 "사람은 누구나 변한다."라고 표현할 때의 '사람'은 실은 영혼이나 자아가 아니라 (성격을 가진) 인격체(person)를 의미한다. 다음의 두 문장을 비교해 보면 이 차이를 쉽게 볼 수 있다.

(1) 너무도 많은 시련 끝에 그는 다른 사람이 되었다. He has become a different person after too much suffering.

(2) 너무도 많은 시련 끝에 그는 다른 자아가 되었다. He has become a different self after too much suffering.

영어를 모국어로 사용하는 사람들은 직관적으로 첫째 문장은 옳은 표현이라고 받아들이지만 둘째 문장은 불가능한 표현으로 되어 있어서 그 내용이 무조건 거짓이라고 판단한다. 위에서 '사람'이라고 표현한 '인격체'라는 의미의 person은 환경에 따라 또 시간이 흐르며 성격 등이 변해 '다른 사람, a different person'이 될 수도 있다. 그러나 서양인들은 '영혼 또는 자아'라는 의미의 self는 결코 변하지 않는 어떤 무엇이라고 굳게 믿고 있다. 그래서 그들에게는 '다른 자아 (또는 영혼), a different self'라는 표현은 그 자체로 논리적 모순이기 때문에 그런 대상은 결코 존재할 수 없다. 그래서 둘째 문장은 거짓일 수밖에 없다.

돌 사진 속의 아이와 지금의 길동이를 같은 사람으로 만들어 주는 것은 동일한 자아 또는 영혼이다. 자아/영혼은 결코 변하지 않는 무엇이다. 어떤 것이 파괴될 수 있으려면 그것에 물리적이거나 화학적 또는 어떤 다른 변화가 가능해야 할 텐데, 영혼과 같이 전적으로 불변하는 것은 파괴될 수도 없다. 파괴되지 않는 것은 불멸한다. 그리고 불멸한 것은 영원히 존재하게된다. 이것이 영혼이나 아뜨만에 대해 '영원 불변불멸'이라는 표현을 반복적으로 달아 주는 이유다. 불교의 무아론은 이렇게 영원 불변불멸한다는 자아 또는 영혼이 존재하지 않는다는 가르침이다.

불교와 철학에서의 자아(참나)

불교와 철학에서 말하는 '자아(self)'란 어떤 주어진 사람(인격체, person)의 본질(essence)을 의미한다. 본질이란 어떤 것을 그것이게끔 해 주는 무엇, 또는 이것이 없이는 어떤 것이 그것일 수 없는 무엇(that without which something is not what it is)을 가리킨다. 불교에서 말하는 자성(self-nature)이 철학에서 말하는 본질에 해당된다. 그래서 어떤 사람이 계속적으로 동일한 그 사람으로 존재하기 위해 반드시 필요한 어떤 부분이 자아인데, 이것은 서양종교에서 말하는 영혼의 철학적 의미와 일치한다. 그래서 영어권 불교학자들은 self와 soul을 동일시하며 두 단어를 서로 바꿔 쓰기도 한다.

힌두교와 그 전신인 바라문교의 아뜨만은 영어로 'self'로 번역된다. Self가 존재한다면 그것은 "나"라는 단어의 지시체가 된다. 그것은 '나를 나이게끔 해 주는 무엇'이며, '진정한 나, 진아眞我, 참나'이며, '내게 나의 정체성 또는 동일성(identity)을 부여해 주는 것'이다. 그렇다면 어떤 사람의 self란 무엇일까? 이 질문에는 두 개의 가능한 답변이 있다. 앞으로 계속 논의하겠지만, 불교는 이 두 답변이 모두 옳지 않다는 점을 보여주며, 그러한 self가 존재하지 않는다는 붓다의 무아론을 진리의 가르침으로 자리 잡게 한다.

(1) 어떤 주어진 사람 전체를 일컬어 self라고 한다.

아니면,

(2) Self란 어떤 사람이 그 사람이기 위해 반드시 가지는 한 부분이다.

철학자에 따라서는 (1)의 답변을 진지하게 고려하면서, 부분이 실재한다고(real) 해도 부분이 모여 이루어진 전체가 실재하는 것은 아니라는 『밀린다왕문경』과 현대 형이상학에서의 부분전체론(mereology)의 논증을 도입해 '전체로서의 self'는 실재하지 않는 허구(fiction)라고 증명하기도 한다.* 그런데 나는

---

* 예를 들어 마크 시더리츠 Mark Siderits는 그의 저서 *Buddhism as Philoso-*

철학적 논증을 통하지 않더라도 쉽게 이 첫째 답변을 반박할 수 있다고 생각한다. '인격체 전체로서의 self'라면 몸과 마음의 모든 것이 모여 있는 집합체를 의미하는데, 우리 몸도 끊임없이 변하고 또 마음의 상태도 언제나 변하는데 심신의 전체 집합체로서의 인격체가 영원 불변불멸한 self라는 주장은 처음부터 설득력이 없다. 그래서 만약 인격체 전체가 self라면 영원 불변불멸한다는 self는 존재하지 않는다고 결론지어야 한다.

(2)의 가능성에 대해서는 석가모니께서 반박하신 여러 논증이 『니까야』에 기록되어 있다. 붓다의 원음으로 되어 있는 논증을 살펴보기에 앞서 우리 스스로 한번 이 답변을 고찰해 보자. '나를 나이게끔 해 주는 바로 그것'이 나의 한 부분으로 존재한다면, 그것은 과연 무엇일까? 언뜻 생각하기에도 그것이 우리 육신의 일부일 것 같지는 않다. 왜냐하면 몸의 모든 부분이 어려서부터 나이가 들 때까지 끊임없이 변하지만 나는 언제까지나 동일한 나라고 여기기 때문이다. 항상恒常한 참나가 모든 부분이 무상無常한 육신의 일부로 존재할 수는 없다. 그래서 만약

---

phy에서 '허구로서의 전체'에 대해 논한다. 그의 책 제3장과 6장을 참조하기 바란다. [2007, Hackett Publishing Co.] 나도 졸저 『미네소타주립대학 불교철학 강의』의 제7강에서 동일한 문제를 논의했다.

나를 나이게끔 해 주는 고정불변한 무엇이 존재한다면 그것은 우리의 몸이 아니라 마음 또는 의식 속에 존재해야 할 것으로 생각되기 마련이다. 그러나 우리는 이런 생각조차도 어려움에 직면한다는 점을 다음과 같이 깨닫게 된다.

18세기 스코틀랜드의 철학자 데이비드 흄은 아주 단순한 질문을 통해 self의 존재를 부정한다. 그는 다음과 같이 묻는다. 만약 당신이 당신의 마음속에 self가 존재한다고 믿는다면, 한 번 눈을 감고 내성(內省, introspection)을 통해 마음속 구석구석을 살펴보며 당신의 self를 찾아보라. 오랫동안 열심히, 아주 열심히 그렇게 해 보라. 당신은 과연 당신의 self를 만날 수 있는가? 답은 자명하다. 우리가 마음속을 아무리 열심히 뒤져보아도 self 자체를 만나기는 불가능하다. 우리가 내성의 과정을 통해 마주치는 것들은 주로 현재의 감정 상태이거나 과거의 경험에 대한 기억들이다. 사진 속이나 거울에 비쳐진 자신의 몸에 관한 이미지나 스스로의 정체성에 대해 품고 있는 상념들과 마주칠 수도 있지만, 그것들은 상 또는 관념들(ideas)일 뿐이지 self 자체는 아니다. 기뻤던 추억, 회한, 고통스런 경험 등 자신과 관련된 많은 기억도 마주치겠지만 이것들도 모두 상 또는 관념의 형태로 존재하는 것일 뿐, 그 어느 것도 self 자체는 아니다.

이렇게 내성을 통해 마주치는 관념은 고정불변하게 영원히 지속되는 것이 아니어서 시간이 지나며 잊히기도 하고 또 새로운 관념으로 교체되기도 한다. 우리가 데이비드 흄과 같이 경험주의적이고 또 과학적 관점에 서서 본다면 self의 존재를 결코 확인할 수 없다. 그런데 한국에는 여전히 참나(self)의 존재를 주장하는 출재가자들이 있다. 이분들에게는 위와 같은 흄의 논증이 불완전하다는 뜻이 되겠다. 이분들은 흄이 제시한 논증 과정에서 내성을 통해 마음속을 살펴보는 주체 바로 그것이 다름 아닌 참나라고 강조한다. 눈이 사물을 보지만 정작 사물을 보는 눈 자신은 볼 수 없듯이,* 내성을 하는 self는 마음속의 여러 관념과 마주칠 수 있지만 self 자신을 마주칠 수는 없는 것이 당연하다고 하면서 내성의 주체로서의 참나의 존재를 주장하는 것이다. 흄에 대한 이러한 반박은 일견 설득력이 있어 보이지만, 이것은 하나는 알고 둘은 모르는 소리다.

신경과학자들은 주체로서 주관적 관점을 가지게 하는 self의 기능을 담당하는 고정불변한 뇌의 부위를 찾아내기가 해부

---

* 거울에 비치는 눈의 모습은 눈의 상일뿐이지 눈 자체는 아니다. 귀는 소리를 들을 수 있지만 귀 자체를 들을 수는 없고, 칼은 두부를 자를 수 있지만 스스로를 자를 수는 없다.

학적으로 불가능하다고 보고해 왔다. 모든 정신 및 심리작용을 그것의 물질적 기반으로부터 이해하려는 과학자들에게 self의 기능을 담당하는 뇌의 물리적 바탕이 사람마다 다르고 또 한 사람에 있어서도 시간이 흐름에 따라 변한다는 사실은 우리가 전통적으로 믿어 온 self의 존재를 의심하게 만들기 충분했다. 그래서 20세기 후반부터 21세기 초반까지 서양에서 불교의 무 아론을 직간접적으로 가장 적극적으로 지지해 온 사람들이 신 경과학자들이라는 흥미로운 사실도 있다. 실제로 신경과학자 출신으로 무아론을 주장하는 책을 쓴 학자도 있다.

한편 카메라는 사물의 상을 사진에 담아내지만 그런 기능을 수행하는 자신을 사진으로 찍을 수는 없다. 그래서 카메라가 전통적으로 말하는 self의 기능을 일부 수행한다고 비유적으 로 말할 수 있고, 또 스스로를 찍을 수 없다는 점도 self와 닮았 다고 주장할 수 있겠다. 그러나 우리 가운데 아무도 카메라가 self를 가지고 있다고 생각하지 않는다. 나아가 요즈음 잘 만들 어진 컴퓨터 시스템이나 자동차는 자체를 관찰하고 검사하는 (self-monitoring) 기능을 가진 것이 많은데, 자신이 자신의 시스 템 안에서 수행하고 있는 모든 기능을 관찰하면서 무슨 문제점 이 있으면 그것을 스스로 해결하기도 한다. 그러나 우리는 이 런 컴퓨터나 자동차가 self를 가지고 있기 때문에 그런 기능을 수행한다고 판단하지 않는다. 컴퓨터에 따라서는 이런 자체 검사 기능을 수행하는 프로그램이 하나가 아니라 여러 개가 있어서 한 프로그램이 제대로 작동하지 않을 경우에는 다른 프로그램이 그 기능을 대체하기도 한다. 동시에 여러 프로그램이 자체 검사 기능을 수행해서 그 효과를 극대화시킬 수도 있다. 또 자체 검사 기능 프로그램들이 각각 서로를 관찰하고 검사하기도 한다. 그러나 이런 경우에 우리는 이 컴퓨터가 여러 개의 self를 가지고 있다고 생각하지 않는다. 이와 같은 이유로 자체 관찰 및 검사 기능의 존재로부터 self의 존재를 도출하고 주장할 수는 없다.

간단한 사고실험(thought experiment)을 통해서도 우리는 self가 존재하지 않는다는 점을 깨달을 수 있다. 과학이 극도로 발달한 우주인이라면 우리 뇌세포 하나하나를 동일한 기능을 수행하는 컴퓨터 칩으로 교체할 수 있을 것이고, 이런 작업을 통해 만들어진 기계로 된 뇌는 여전히 동일한 기능을 수행할 것이다. 이런 교체 작업을 한꺼번에 완성할 필요는 없고, 오랜 세월에 걸쳐, 예를 들어 20여 년 동안 그 사람이 알지도 못하게 그의 뇌세포를 하나씩 실리콘 칩으로 바꿔 간다고 가정해 보자. 20여 년 후 완전히 컴퓨터 소재로만 구성된 뇌를 가지고 살아가는 이 사람도 스스로는 self를 가지고 주관적 관점으로 그의 의식 속에서 진행되고 있는 이러저러한 것들을 내성하며 산다고 믿을 것이다. 그러나 우리는 이런 컴퓨터 뇌가 self(아뜨만, 영혼, 또는 참나)를 가지고 있다고 판단하지 않을 것이다. 왜냐하면 아무도 기계가 self를 가지고 있다고는 생각하지 않기 때문이다. 그렇다면 이와 마찬가지로 현재 유기물로 구성되어 있는 우리 뇌에도 self가 자리 잡을 곳은 없다고 판단해야 옳을 것이다. 기계와는 달리 유기물이 특별히 굉장한 존재론적 위치를 차지해야 할 이유가 없기 때문이다.

21세기 과학의 시대를 사는 우리가 엄밀히 검토해 보면 영원히 고정불변한 self의 존재를 경험적으로 확인할 길은 없다. 그러나 그렇다고 해서 우리가 어떤 인격을 가진 개인 인격체(individual person)로서도 존재하지 않는다는 것은 아니다. 나는 우리가 영원불변의 자성을 가진 참나로서는 아니지만 그래도 현실적으로는 몸과 여러 심리상태가 (오온五蘊이) 잠시 (약 80여 년 동안) 모여 있는 묶음으로 존재한다고 보아도 무방하다는 것이 불교의 가르침이라고 본다. 그리고 나는 이 가르침이 옳다고 생각한다.

참나론의 자기모순

붓다의 무아론은 영원 불변불멸하고 고정된 자아(self, 참나)가 존재하지 않는다는 것으로서 우리와 같은 인격체(person)가 궁극적으로는 실재하지 않는다는 가르침이다. 무아론은 우리가 아뜨만과 같은 실체로서 실재한다는 상주론常住論을 배격하지만, 그렇다고 해서 우리가 전혀 존재하지도 않는다는 허무주의나 단멸론斷滅論도 배제한다. 무아론은 중도의 진리다.

붓다는 우리가 동일한 사람으로서 지속적으로 존재하게 해주는 영혼이나 자아와 같은 어떤 단일한 부분이 없다는 점을 보여줌으로써 무아의 진리를 논증한다. 그런데 붓다의 논증을 직접 살펴보기에 앞서 우리가 영혼이나 자아와 같은 존재자의 특성을 검토해 보면 의외로 재미있는 문제점을 발견하게 된다. 영혼이나 아뜨만 또는 참나는 불변하고 불멸한 무엇이다. 그런데 어떤 존재자이든지 그것이 물리적, 심리적, 또는 개념적으로 여러 부분들로 이루어져 있다면 그것은 영원히 불변하거나 불멸할 수 없다. 왜냐하면 원칙적으로 그 존재자는 그것을 구성하고 있는 부분들로 분리될 수 있기 때문이다. 그래서 영원히 불변하고 불멸한 것은 복합체(composite)일 수 없고 반드시 아무 부분도 가지지 않은(impartite) 단순체(simple)여야 한다. 그런데 이렇게 논리적으로 타당한 통찰이 우리에게 단순체로서의 영혼이나 참나가 가질 수밖에 없는 여러 철학적 문제를 보여준다.

1. 이런 단순체는 아무런 속성을 가질 수 없다. 왜냐하면 만약 어떤 속성을 갖는다면 그것은 그 속성을 하나의 부분으로 가지는 것이므로 그것이 복합체가 되어 버리기 때문이다. 그래서 영혼이나 자아와 같은 존재자들은 아무 속성이 없다. 그렇기 때문에 우리는 서로의 영혼이나 자아를 서로서로 맞바꾸어도 아무런 상관이 없다는 결론에 이르게 된다. 아무 속성이 없으니 그냥 아무것이나 하나 가지고 있으면 그만이다. 그러나 이것은 영혼이나 자아에 대한 우리의 직관적 이해에 어긋난다.

2. 이런 단순체가 물리적으로 공간을 차지한다면 그 공간을 차지하는 더 작은 공간들을 부분들로 하여 이루어지는 셈이 되기 때문에 또 복합체가 되어 버린다. 그래서 영혼이나 자아는 공간을 가질 수 없고, 따라서 공간 속에 존재할 수도 없다. 그렇다면 공간 속에 존재하는 우리의 몸을 공간 속에 존재하지도 않는 자아가 이리저리 움직이게 만들 수는 없다. 결국 영혼이나 자아는 우리 몸을 움직일 수 없다는 이야기가 된다. 이것도 받아들일 수 없는 결론이다.

3. 영혼이나 자아와 같은 단순체는 시간선상에서 지속적으

로 영원히 존재한다고들 하는데, 그렇다면 그것의 존재가 시간선상의 무수히 많은 부분들로 이루어져 있다는 말이 되어 그것을 복합체로 간주하도록 만든다. 그렇다면 단순체여야 하는 영혼이나 자아가 시간선상에서 어느 순간(instant)을 넘어 지속적으로 존재할 수 없다. 그래서 만약 그런 것들이 존재한다면 그것들은 오직 찰나 동안만 존재할 수 있게 된다. 그러나 이런 결론은 영혼이나 자아에 대한 전통적인 견해와 상충한다.

위와 같은 이유로 나는 논리적으로 차분히 짚어 보면 영혼이나 자아 또는 참나의 존재에 대한 주장은 실제로 자기모순적(self-refuting)이라고 생각한다. 그래서 이렇게 논리적으로 모순인 개념을 바탕으로 한 주장을 얼마나 진지하게 고려해 주어야 할까 망설일 때도 있다. 그렇지만 역사적으로 붓다가 바라문교의 아뜨만론에 대해 반박한 논증이 존재하기 때문에 나도 여기서 붓다의 무아를 위한 논증을 소개하며 논의해 보겠다.

오온五蘊

붓다는 우리 개개인을 오온, 즉 색수상행식色受想行識이라는 다섯 가지의 다발이 모여 있는 복합체로 보았다. 이 오온의 각각을 간단히 살펴보겠다.

1. 색色 - 모양을 가진 것, 즉 물질적 또는 물리적인 대상을 말한다. 물리적인 모든 것은 그것이 보이든지 보이지 않든지 공간 속에 존재하고, 공간 속에 존재하는 한 그것은 모양을 가진다.
2. 수受 - 쾌락이나 고통의 감각, 또는 이 둘 다 아닌 무덤덤한 감각.
3. 상想 - 대상의 감각적 속성을 파악하는 심리 상태를 말한다. 하늘의 푸른빛 보기나 꽃향기 맡기, 또는 종소리 듣기와 같은 것들이다.
4. 행行 - 심신의 활동을 가져오는 심리적인 동력, 예를 들어 탐욕과 분노, 애증, 집중, 시샘 등이다.
5. 식識 - 심신 상태의 자각 또는 그 자각 자체를 말한다.*

우리가 흔히 쓰는 "명색名色"이라는 말은 모양을 갖는 물질적 대상인 색色과 모양이 없어서 이름(名) 불려지기만 하는 심리적

---

* 위의 오온 각각에 대한 해설은 마크 시더리츠의 관련 설명을 참조했다.
  [Mark Siderits, *Buddhism as Philosophy*, Hackett, 2007, p.36]

상태 네 종류를 함께 묶어 인간존재를 지칭한다. 여기서 이 다섯 가지의 다발이 언제나 하나씩 활동하는 것은 아니고, 몇 개씩 서로 모이고 흩어지면서 우리가 경험하는 삶의 모든 현상을 끊임없이 생겨나고 소멸하게 만든다. 그 하나하나의 다발 또한 끊임없이 생멸한다.

붓다는 우리 인격체(person)에 이 오온 이외에 영혼이나 아뜨만과 같이 어떤 추상적이거나 신비적인 것이 추가로 더 존재한다고 말씀한 적이 없다. 붓다는 지극히 경험적이고 논리적인, 즉 과학적인 가르침을 폈다. 그런데 일부 참나론자들은 붓다가 이 오온 이외에 참나가 추가로 존재하지 않는다고 명시적으로 말씀하지 않았기 때문에 그가 참나의 존재를 부정한 것은 아니라고 주장하곤 한다. 그러면서 그들은 영혼이나 참나가 존재한다고 주장한다. 내게는 이 주장이 다음과 같은 이유로 궁색하게만 보인다.

붓다는 인간존재를 오온으로 설명했다. 그가 아뜨만 또는 참나의 존재를 인정한 적이 없고, 또 그것으로 인간존재를 설명한 적도 물론 없다. 그렇다면 우리는 아뜨만이나 참나가 존재하지 않는다는 점이 붓다에게 너무도 분명했기 때문에 그가 굳이 언급하지 않았다고 보는 것이 자연스럽다. 그런데 참나론자들은 붓다가 참나가 존재하지 않는다고 명시적으로 언급하지

않았으니, 그는 참나도 존재한다고 보았다고 항변한다. 그러나
이 주장은 이치에 맞지 않는다. 이는 마치 붓다가 '결혼한 총각'
이나 '둥근 사각형' 또는 '2+5=10'이 불가능하다고 말한 적이
없기 때문에 그가 이 세상에 결혼한 총각과 둥근 사각형이 존
재할 수 있고 또 '2+5=10'이 참이 될 수 있다고 보았다고 해석
하는 것과 같은 억지다. 이런 것들이 불가능하다는 점은 붓다
에게도 또 우리에게도 너무도 상식적이기 때문에 특별히 언급
될 필요가 없었을 뿐이다.

　이제 밑에서 참나론자들의 주장을 붓다의 논의를 따라가며
좀 더 철학적인 방식으로 반박해 보겠다.

오온의 무상함과 무아

무아에 대한 붓다의 몇 가지 논증이 있는데, 우리에게 잘 알려
지고 또 직관적으로 이해하기 쉬운 논증은 오온 각각이 무상하
다는 통찰과 함께 진행된다.

1. 우리의 존재를 구성하는 색수상행식의 오온은 그 하나하
　나가 모두 무상하다.
2. 자아(참나)나 영혼이 존재한다면 그것은 영원 불변불멸
　한다.

3. 그러므로 참나는 존재하지 않는다.

색수상행식 하나하나가 무상하다는 점은 굳이 설명하지 않아도 자명하겠다. 그리고 여기서 우리가 지극히 상식적이기 때문에 붓다가 굳이 논증의 일부로 삼지 않았다고 보는 명제는 "우리에게는 오온밖에는 아무것도 없다."이다. 그래서 우리의 존재를 남김없이 구성하고 설명해 주는 오온이 모두 무상하다면 영원히 불변불멸한다는 신비한 영혼이나 아뜨만 또는 참나가 우리의 존재 안에 들어올 여지가 없다. 이것이 무아의 가르침이다.

붓다가 논증했듯이 우리 인간이 색수상행식으로 구성되어 있고 또 인간의 모든 활동이 색수상행식의 이합집산에 따라 이루어진다면, 우리가 과연 영혼이나 참나의 존재를 추가로 도입해야 할 이유가 있을까? 이 물음에 대해 철학은 그럴 이유가 없다며 거절할 것이다. 무엇보다 그 이유는 철학에서 금과옥조로 여기는 소위 '오컴의 면도날'로 불리는 '사유와 존재의 경제성의 원리'다.* 우리가 존재세계를 설명할 때 존재하는 대상의 종류는 적을수록 좋고, 또 세계를 설명하는 이론은 보다 작은 수

---

* 인도에서 전통적으로 말하는 '가벼움의 원리'가 동일한 내용을 가지고

의 가정이나 원리를 가질수록 좋다는 것이다. 쉽게 말해, 복잡한 이론보다는 단순한 이론을 선호한다는 말이다. 그래서 철학은 영혼이나 아뜨만과 같이 경험적으로 확인할 길이 없는 알쏭달쏭한 대상을 받아들이지 않고서도 존재세계에 대해 동일한 설명력을 유지하는 붓다의 이론이 더 좋은 이론이라고 판단할 것이다.

붓다의 견해가 영혼이나 아뜨만의 존재를 받아들이는 이론보다 선호되어야 하는, 철학적으로 더 중요한 이유가 있다. 그것은 우리가 우리의 존재와 활동을 오온의 이합집산으로 남김없이 설명할 수 있다면 영혼이나 아뜨만에 그것이 존재할 이유를 부여할 수 없다는 통찰이다. 이 점을 다음의 질문을 통해 살펴보자. 오온 외에 영혼이나 참나가 추가로 존재할 경우 존재와 사유의 세계에 특별히 더 나타날 어떤 새로운 변화가 있을까? 그런 것은 없다. 색色의 세계를 다루는 우리의 물리학은 이 우주 어느 곳에서도 영혼이나 참나의 존재를 확인한 적이 없고, 또 그런 것의 존재를 상정하지 않고서도 존재세계의 움직임을 성공적으로 설명하고 있다. 수상행식의 세계를 다루는 현대 심리학도 영혼이나 참나의 존재를 상정하지 않고서도 우리

———

있다.

심리세계를 잘 설명하고 있다. 현대 과학자들은 영혼이나 참나가 그들이 연구하는 심리현상의 세계에 아무 작은 변화도 가져올 이유가 없다고 판단한다. 그렇다면 우리가 왜 그런 것의 존재를 받아들여야 하는가? 그럴 이유가 없다. 존재하는 것은 이 세상에 어떤 방식으로든지 변화를 가져온다. 그래서 아무런 변화를 가져오지 못한다면 존재한다고 보아 줄 이유가 없다. 영혼이나 참나가 그런 것이다.

오온에 대한 호오好惡, 오온의 변화, 그리고 무아

『니까야』에서 전개되고 있는 붓다의 무아에 대한 논증 가운데는 철학적으로 깊이 분석해 보지 않으면 이해하기 어려운 부분도 있다. 붓다는 '나는 오온의 각각에 대해 스스로 그것을 싫어하기도 하고 또 변화시키고자 원하기도 한다. 그러므로 아뜨만은 존재하지 않는다.'고 가르친다. 일견 뜻이 통하지 않아 보이는 난해한 논증이다. 그래서 인도에서 전통적으로 받아들여 온 중요한 통찰 하나를 살펴보면서 붓다의 가르침을 이해해 보기로 한다.

손가락은 달을 가리킬 수 있지만 달을 가리키는 그 스스로를 가리킬 수는 없다. 손가락은 스스로로 향할 수 없다. 이것은 원칙적으로 불가능하다. 스스로로 향할 수 없기 때문에 스스로를 싫어하거나 비난할 수도 없다. 왜냐하면, 스스로에 대해 호오의 감정을 가지는 일도 스스로로 향할 수 있어야 가능한데, 그것이 처음부터 원칙적으로 불가능하기 때문이다. 칼은 무를 자를 수 있지만 그 스스로를 자를 수 없다. 칼의 경우에도 칼이 스스로로 향할 수 없기 때문에 스스로를 자를 수 없다. 그리고 스스로로 향할 수 없기 때문에 칼 또한 그 스스로를 싫어하거나 변화시키려고 원할 수 없다. 귀는 소리를 듣지만 소리를 듣는 그 스스로를 들을 수 없고, 코는 냄새를 맡지만 냄새를 맡는 그 스스로를 냄새 맡을 수는 없다. 이와 같이 귀와 코, 그리고 그밖에 존재하는 모든 사물에 대해 방금 밝힌 손가락과 칼에 대한 논의가 그대로 적용된다. 이 모든 논의가 아무것도 그 스스로로 향할 수 없다는 통찰로부터 비롯된다.

영혼이나 아뜨만 또는 참나가 존재한다면 그것은 우리의 몸과 네 가지 심리상태를 조종하고 통제하며 또 변화시키는 어떤 사령탑 같은 것이다. 그것이 우리가 상식적으로 받아들이는 영혼이나 자아의 중요한 역할이다. 나의 참나는 내 못생긴 몸(色)을 싫어해서 어떻게든 변화시키려 할 수 있다. 참나는 내 몸을 향해 이러저러한 호오好惡의 감정을 가지고 그것에 변화를 초래하기를 원하며 가끔은 그 변화에 성공하기도 한다. 말하자면, 참나는 내 몸으로 향할 수 있다. 그런데 윗 단락에서 논의했듯이, 아무것도 스스로로 향할 수는 없다. 그렇다면 우리는 내 몸은 참나 또는 아뜨만이 아니라고 결론지어야 한다.

붓다는 우리 몸뿐만 아니라 네 종류의 심리상태, 즉 수상행식 受想行識 하나하나에 대해서도 동일한 논의를 전개한다. 우리의 심리상태 그 어느 것도 아뜨만이 싫어하고 변화시키기를 원할 수 있기 때문에, 즉 아뜨만이 심리상태로 향할 수 있기 때문에, 이 가운데 아무것도 아뜨만이 될 수 없다. 결국 색수상행식 오온 가운데 그 어느 것도 아뜨만이 아니다. 그리고 위에서 이미 논의했듯이 우리 인간존재에는 이 오온 외에는 아무것도 없다. 따라서 (영혼이나 아뜨만 또는) 참나는 존재하지 않는다. 이것이 붓다가 그의 무아의 가르침을 위해 제시한 두 번째 논증이다. 다소 복잡한 논증이지만, 참으로 이치에 맞는 탁월한 가르침이다.

우리는 스스로로 향할 수 없다. 내가 거울에 비친 내 모습을 보는 것은 내가 나를 향하는 것이 아니라 내 눈과 의식이 거울에 비친 이미지를 향하는 것일 뿐이다. 아무것도 스스로로 향할 수조차 없기 때문에, 우리가 스스로에 대해서는 좋다거나 싫다고, 또는 고칠 것이 많다거나 적다고 생각할 수도 없다. 그럼에도 불구하고 우리가 일상에서 스스로를 사랑한다거나 미워한다는 식으로 느끼고 말하는 것은 실제로는 우리를 구성하고 있는 일부가 다른 일부를 사랑한다거나 미워하는 것일 뿐이다. 예를 들어 "나는 내가 싫어!"라고 말하는 것은 실제로는 '수상식受想識이 모여 색色을 향해 하는 말(예를 들어, 자기 몸이 못생겼다고 여기는 경우)'일 수도 있고 또 '행식行識이 색色과 수상식受想識의 모임에 대해 하는 말(몸에 병이 생겨 통증으로 고통받는 경우 등)'일 수도 있겠다. 우리는 해외 토픽에서 어떤 의사가 비상상황에서 마취 없이 스스로를 수술했다는 기사를 가끔 읽는데, 이것은 의사를 구성하고 있는 다른 부분들이 의사의 몸 한 부분, 예를 들어 맹장 같은 곳을 수술했다는 말일 뿐이다.

그런데 위와 같이 설득력 있고 철학적으로 거부하기 어려운 통찰이 존재함에도 불구하고 우리는 우리의 몸과 마음을 제어하고 조종해 주는 사령탑으로서의 영혼이나 아뜨만과 같이 어떤 고정되고 독립적인 실체의 존재에 대한 집착을 끊기 어려운 것 같다. 언제나 변함없이 심신에 명령을 내리고 실행하게 하는 고정된 주체로서의 참나에 대한 애착이야말로 모든 집착으로부터 자유로워야 해탈하고 열반에 이를 수 있다는 붓다의 가르침에 대한 중대한 장애가 아닐 수 없다. 이 세상에서 자신의 영혼이나 참나에 대한 집착만큼 강렬한 탐심貪心이 또 있을까? 그래서 내가 즐겨 쓰는 예를 한 번 더 들어 이 문제를 다시금 비판적으로 고찰해 보겠다.

해인사 승가대학에 '가야산 호랑이'라는 농구 팀이 있다고 가정해 보자. 이 팀 다섯 선수의 법명은 무애, 보일, 진휴, 법장, 그리고 토불이다. 이 팀은 어느 한 스님이 고정적으로 다른 선수들을 이끌며 경기에 임하지 않고 경우에 따라 그때그때마다 다른 스님이 주장을 맡는다. 어제는 무애스님이 주장이었지만 오늘은 보일스님이 팀을 이끌며, 내일과 모레는 진휴스님과 법장스님이 각각 주장을 맡는다. 간혹 한 경기 중에도 여러 번 주장이 바뀌기도 한다. 한편, 토불스님은 다른 스님이 주장이 될 때마다 언제나 함께 주장의 역할을 보조한다. 때로는 두세 분의 스님이 함께 주장이 되어 팀을 이끌기도 한다. 그래서 이 '가야산 호랑이' 농구팀에는 언제나 주장이 있지만, 그렇다고 해서 항상 변치 않고 고정된 특정 스님이 주장인 것은 아니다.

위에서 다섯 명의 스님은 색수상행식色受想行識을 비유적으로 지칭하고, '가야산 호랑이'는 이런 오온이 모여 이루어진 우리 개인 인격체(person)에 대한 비유이다. 우리에게는 그때그때마다 심신을 제어하고 조종하는 사령탑의 역할을 하는 무엇인가가 존재한다. 그러나 그렇다고 해서 그것이 우리 존재에서 (영혼이나 참나와 같이) 고정되고 변치 않는 어떤 특정 부분인 것은 아니다. 나는 위의 비유를 통해 우리 개개인이 스스로의 심신을 제어하고 조종할 수 있지만 그것이 굳이 영혼이나 참나를 통해야 할 이유가 없다는 점을 엿볼 수 있다고 생각한다. 그리고 영혼이나 참나와 같이 추상적이고 신비적인 존재를 상정하지 않으면서도 우리의 심신 제어와 조종의 역할을 잘 설명할 수 있는 붓다의 견해가 사유와 존재의 경제성의 원리에 더 적합해서 좋다고 본다.

허구로서의 전체

위에서 우리는 참나 또는 자아가 존재한다면 그것은 아무런 부분도 가지고 있지 않은 단순한(simple) 존재자여야 한다는 점을 논의했다. 부분이 있다면 원칙적으로 부분으로 분리될 수 있어서 불변불멸해서 영원하다는 참나 또는 아뜨만의 자격 조건을 충족할 수 없기 때문이다. 그리고 우리는 이러한 단순체(simple)가 존재한다는 증거도 또 존재해야 할 필요도 없다는 점을 살펴보았다.

이제 우리는 참나 또는 자아가 색수상행식이라는 부분들이 모여 이루는 집합체(composite) 또는 전체로부터 새로이 창발되는(emerge) 어떤 존재자라는 주장을 검토해 보겠다. 수만 개의 부품이 모여 만들어지는 자동차는 그 어느 한 부품도 가지지 못하는 새로운 속성과 기능을 가지는 것처럼 보인다. 우리는 자동차를 단지 부품의 모임으로만 보지 않고 부품의 집합을 넘어(over and above) 존재하는 새로운 대상으로 생각한다. 의자, 책상, 집, 비행기, 도시 등도 부분이 모여 이루어지는 전체로서 새로이 창발된 존재자라고 볼 수 있을지도 모른다. 이러한 견해를 우리 스스로에게 적용해 보면, 색수상행식이 유기적으로 연결되어 새로이 창발되는 인격체(person)가 존재하고, 그것은 나름대로의 고유한 본성(自性)을 가진 참된 나(참나)라는 생각이 들만도 하다. 그래서 오온다발 전체로서의 나는 실재한다고 느끼게 되곤 하는 것 같다. 그러나 철학적으로 면밀히 검토해 보면 이러한 견해가 결코 유지될 수 없음이 드러난다. 그 이유들을 살펴보겠다.

불교에서는 부분이 실재하더라도 그것이 모인 전체는 실재가 아니라 허구라는 논증이 여러 문헌에 나타난다. 예를 들어 『밀린다왕문경』에서 나가세나존자는 전차(chariot)라는 전체는 실재하지 않는 허구에 불과하다는 점을 논증한다.* 우리도 생활에서 접하는 사물을 통해 동일한 이치를 엿볼 수 있다. 앞에 놓인 책상이 20킬로그램 나간다고 해 보자. 우리 일상의 상식으로는 (전체로서의) 책상이 실재하며, 그것의 무게는 20킬로

---

* 졸저 『미네소타주립대학 불교철학 강의』의 「제7강 열반은 있지만 열반하는 것은 없다」에서도 관련된 논의가 전개된다. [불광출판사, 2019년]

그램이다. 그런데 책상 다리와 서랍 그리고 책상 윗부분 등, 이 책상의 부분들을 모두 합쳐도 무게가 20킬로그램이 된다. 실재하는 부분들의 무게가 20킬로그램이고 실재하는 전체로서의 책상도 20킬로그램이니까, 여기 있는 이 물건은 둘 다 합쳐서 40킬로그램이 나가야 한다. 그러나 이것은 실제로 20킬로그램에 불과하다. 그래서 둘 가운데 하나는 실재가 아닌 허구이다.

만약 부분들과 전체가 두 다른 존재자가 아니라 하나의 동일한 존재자에 대한 두 기술(description)일 뿐이라면 이 책상이 20킬로그램인 이유가 쉽게 설명된다. 춘원이 60킬로그램이고 이광수가 60킬로그램이라도 춘원 이광수가 120킬로그램의 거구일 이유가 없는데, 그 이유는 춘원과 이광수가 동일 인물이기 때문이다. 마찬가지로 부분들과 전체가 하나의 동일한 존재자라면 모든 문제가 해결된다. 그러나 부분들과 전체 사이에는 그런 동일성(identity)이 존재하지 않는다. 왜냐하면 전체는 수적으로 하나(one)지만 부분들은 여럿(many)이기 때문이다. 하나인 것이 여럿인 것과 동일할 수는 없다. 그래서 부분들과 전체가 동일하다고 주장함으로써 위에서 지적한 문제를 해결하려는 노력은 성공하지 못한다.

결국 부분들과 전체 둘 가운데 하나는 실재하지 않는 허구라고 보아야 책상이 20킬로그램밖에 되지 않는다는 점을 설명할 수 있다. 부분들과 전체는 개념적으로는 상호의존한다. 개념적으로는 부분 없는 전체는 없고 또 전체 없이 부분이 존재할 수 없기 때문이다. 그러나 물리적으로 특히 인과관계의 측면에서 보면 부분들은 전체 없이도 각자 독자적으로 존재할 수 있는데 반해, 전체는 부분들에 의존해서만 생겨날 수 있다. 존재론적으로 전체는 부분들에 의존할 수밖에 없고, 따라서 둘 가운데 실제로 존재하는 하나만을 고른다면 우리는 부분들을 고르게 된다.

전체가 실재한다고 보아줄 수 없는 보다 근본적인 이유가 있다. 전체는 부분들이 모여 행하는 (인과적) 작업 외에 따로 그것만이 독자적으로 가지고 있는 아무런 (인과적) 역할을 할 수 없기 때문이다. 이 책상이 가진 모든 기능과 인과적 역할은 그것을 이루고 있는 부분들과 그 부분들 사이의 관계로 남김없이 설명되고 존재론적으로 환원될 수 있다. 자동차의 모든 기능도, 비록 한두 개 부품의 기능으로 설명될 수는 없지만, 수많은 부품과 그것들 사이의 밀접한 관계로 모두 설명되고 환원될 수 있다. 다른 사물에 대해서도 모두 마찬가지다. 그렇다면 부분들과 그것들 사이의 관계를 넘어서 전체가 독자적으로 가지고 있는 기능과 인과적 역할은 무엇인가?―그런 것은 존재하지 않는다. 아무런 차이나 변화를 따로 만들어 낼 수 없는 전체가 그것을 이루고 있는 부분들을 넘어서 이 세상에 독자적으로 존재한다고 보아줄 이유가 없다.* 그래서 전체는 실재하지 않는 허구이다.

전체가 허구라는 점을 직관적으로 파악하기는 쉽지 않다. 그래서 조금 다른 각도에서 이 문제를 더 논의해 보겠다. 동부전선을 방위하는 국군 제27사단이 국군의 날을 맞아 모처럼 퍼레이드를 벌인다고 상상해 보자. 만여 명의 중무장한 군인들과 장갑차, 야포, 탱크, 그리고 사단장을 비롯한 지휘부가 거리를 지나 행진해 간다. 아이들은 어른들을 따라 나와 구경하며 환호와 갈채를 보낸다. 수많은 인원과 장비가 먼지를 휘날리며 모두 지나간 후 문득 한 아이가 어른에게 묻는다. "씩씩한 군인 아저씨들과 장군 그리고 탱크와 장갑차를 다 보았어요. 그런데 27사단은 어디 있나요?" 이런 엉뚱한 질문에 어떻게 답해야 할까?

대학에 재직하다보면 일 년 내내 캠퍼스 투어를 오는 고등학생들 및 편입희망자들을 보게 된다. 이들은 본부 건물과 여러 강의동, 도서관, 체육관 등을 구경하고 재학생 및 교직원과 대

---

* 이 논증은 심리철학에서 잘 알려진 김재권의 배제논증(the exclusion argument)을 원용했다.

화를 나눈다. 두 시간에 걸친 투어를 마친 후 한 학생이 안내원에게 묻는다. "지금까지 많은 건물과 학생 그리고 교직원을 만나 보았습니다. 그런데 대학은 도대체 어디에 있습니까?" 우리는 이런 질문에 어떻게 답해야 옳을까?

위의 두 예는 20세기 중반 영국의 철학자 길버트 라일이 '범주오류(category mistake)'라고 부른 문제와 관련되어 있다. 27사단은 병사와 장교, 그리고 그들이 운용하는 무기로부터 따로 떨어져 다른 존재론적 범주에 속하는 어떤 추상적인 존재자가 아니다. 그 군인들과 무기 모두가 바로 27사단이다. 이 점을 오해하면 27사단이 다른 존재의 범주에 속하게 된다고 착각하는 범주오류를 범하게 된다. 이 점은 대학의 경우에도 마찬가지다. 어떤 추상적인 대학이 따로 다른 범주에 속해 존재하는 것이 아니라, 모든 소속 학생과 교직원 그리고 건물 등이 바로 그 대학이다.

색수상행식의 오온으로 구성되어 있는 개인인격체(person)로서의 나 또한 이 오온을 넘어서서 존재하는 어떤 독립적인 추상적 존재자가 아니다. 나는 오온이 속하는 범주가 아닌 다른 존재의 범주에 속하지 않는다. 만약 우리가 그렇지 않다고 생각한다면 우리는 위에서 지적한 범주오류를 범하게 되고 만다. 개인인격체 또는 나는 색수상행식이 존재하는 범주를 넘어

설 수 없다. 그래서 우리는 기껏해야 색수상행식 전체를 인격체 또는 나라고 볼 수밖에 없다. 그러나 우리는 위에서 이미 전체가 허구라는 점을 검토했다. 색수상행식을 부분으로 하는 전체로서의 나는 허구에 불과할 뿐이다.

이 절에서의 논의는 다음과 같이 정리된다:

(1) 색수상행식 다섯 부분으로 이루어진 전체로서의 나는 허구이다.

(2) 전체로서의 내가 하는 모든 일은 실제로는 색수상행식 다섯 부분과 그것들 사이의 관계와 기능으로 환원된다. 전체로서의 나는 색수상행식이 모여서 하는 일 외에 아무런 다른 변화나 움직임도 새로 만들어 낼 수 없다. 따라서 나는 실재하지 않는다.

(3) 나는 색수상행식과 그것들 사이의 관계와 기능을 초월하여 독자적으로 다른 범주에 속해 존재하는 어떤 추상적인 대상이 아니다. 색수상행식과 그것들 사이의 관계와 기능 모두가 바로 나이다. 그런데 이러한 내가 허구임은 (1)과 (2)에 의해 이미 논의되었다.

결론: (1), (2), (3)으로부터 나는 허구에 불과하다는 점을 알 수 있다.

쓸모 있는 개념적 허구로서의 나

색수상행식 다섯 부분이 모인 전체로서의 나는 허구이지만, 실은 대단히 쓸모 있는 허구이다. 이렇게 '전체'라는 개념적 허구가 쓸모가 많다는 점을 크게 두 가지로 나누어 설명해보겠다.

1. 전체로서의 자동차는 수만 개의 부품으로 이루어져 있다. 자동차의 모든 것은 이런 부분들과 그들 사이의 관계 및 기능으로 완전히 분석되어 환원될 수 있기 때문에 자동차는 실제로는 개념적 허구에 불과하다. 그렇지만 우리가 일상을 살기 위해서는 '자동차'라는 개념을 결코 포기할 수 없다. 매일같이 운전하는 자동차를 그것이 허구이기 때문에 '네 바퀴와 그것을 연결하는 축들, 운전대, 엔진, 연료 탱크 등이 그러그러하게 연결되어 있는 물체'라는 식으로 부를 수는 없는 노릇이기 때문이다. 자동차뿐만 아니라 부분들로 이루어진 주변의 모든 물체를 ― 의자, 책상, 나무, 학교, 숲, 도시, 연필, 컴퓨터, 가방 등 ― 이렇게 불러야 한다면 우리 사회에서 의사소통이 사실상 불가능해져서 일상생활을 제대로 영위할 수 없게 될 것이다. 그밖에도 이런 '전체'를 하나의 존재자로 가정하며 사유할 때 편리한 수많은 다른 이유도 있다. 예를 들어, 자동차 공장에서는 자동차를 몇 대 생산하고 판매하는 것이 중요하지 볼트와 너트를 몇 개

사용했느냐는 별 관심사가 아니다. 이와 같이 '전체'는 개념적 허구이지만 실제로는 필요불가결해서 우리가 매일 사용하는 대단히 유용한 허구이다.

지금 이 글을 쓰고 있는 나도 색수상행식이라는 다섯 부분과 그것들의 상호작용으로 이루어진 전체여서 궁극적으로는 개념적 허구일 뿐이다. 그러나 우리는 일상생활에서 의사소통의 편리를 위해 이 사람을 "홍창성"이라고 부른다. 나도 각각 나름대로의 색수상행식 다발로 이루어진 전체인 다른 사람을 "박수현", "나지용", "Mark Siderits", "Jay Garfield" 등으로 부른다. 그리고 이들 모두는 각각 자신의 오온다발 전체를 지칭할 때 "나"라고 부른다. 이와 같이 개인인격체(person)는 고유명사로 지칭되든지 아니면 "나"라는 일인칭 대명사로 지칭되든지 모두 색수상행식이라는 부분으로 만들어진 전체이고, 전체는 쓸모 있는 개념적 허구이다.

2. 개념적 허구가 쓸모가 많은 두 번째 이유를 살펴보자. 사물 가운데는 의자나 책상, 펜이나 컴퓨터 같이 그 모양이나 재질 등이 아니라 그것이 수행하는 기능에 의해 존재 이유가 결정되는 것이 많다.* 예를 들어 책상은 보통 나무로 만들지만 플라스틱이나 금속, 유리, 심지어는 얼음으로도 만들 수 있다. 모

양도 윗면이 네모난 것, 둥근 것, 긴 것, 짧은 것, 평평한 것, 기운 것 등 다양한 모양의 책상이 있다. 책상 다리의 길이나 재질 또한 천차만별이다. 그럼에도 불구하고 이 모두가 책상인 이유는 그것이 우리가 보통 생각하는 책상의 기능을 수행하기 때문이다 – 즉, 우리는 그 위에 책과 문방구를 놓고 책을 읽거나 글을 쓸 수 있다. 그밖에 의자나 펜 그리고 컴퓨터 등에도 동일한 관점이 적용된다. 이 모두는 기본적으로 그것들이 각각 수행하는 기능에 의해 정의되는 것들로서, 이들의 개념은 모두 기능적 개념들이다.

그런데 이런 기능(function)이란 어떻게 존재하는 것일까? 플라톤의 형상形相처럼 천상이나 어떤 형이상학적 공간에 존재하다가 지상의 사물에 예화되는 것일까? 그런데 이렇게 우리 세계 밖에 별도로 존재하는 대상을 설정하는 일은 '불필요하게 존재자의 수數를 늘려서는 안 된다'는 (사유와) 존재의 경제성의 원리에 위배될 것 같다. 그리고 이런 형상은 연기하지도 무상하지도 않은 존재자이기 때문에 불교의 존재세계 안으로 들어올 여지도 없다.

필자는 기능이 형이상학적 대상(entity)으로 존재하는 것이

---

* 일부 철학자는 그렇지 않은 사물이 없다고 주장하기도 한다.

아니라 존재하는 대상을 편리하게 지칭하는, 단지 지시어의 역할만 한다고 보는 편이 존재론적으로 깔끔해서 좋다고 생각한다. 우리는 '책상'이라는 개념을 그것이 수행하는 기능으로 이해하며, "책상"이라는 단어로 이 기능을 수행하는 온갖 다양한 개개의 물체(책상)를 경우에 따라 지시할 수 있다. 비록 책상의 형상과 같은 형이상학적 대상은 실재하지 않지만 우리는 "책상"이라는 말로 구체적인 책상을 그때그때 골라내어 지칭할 수 있다. 그밖에 의자, 펜, 그리고 컴퓨터 등도 모두 개념적 허구들이다. 그렇지만 이런 것들이 모두 우리 일상생활에서 대단히 쓸모 있는 허구임은 논란의 여지가 없다. 철학에서는 이런 편리한 지시어를 보통 '2차 지시어(2nd-order designator)'라고 부른다.

"나"라는 단어도 일종의 편리한 지시어 또는 2차 지시어로 볼 수 있겠다. "나"라는 지시어는 이 단어를 입으로 말하고 있는, 색수상행식이 모인 오온다발 전체를 지시한다고 볼 수 있다. 색수상행식의 모든 것은 끊임없이 변하기 때문에 이 "나"라는 일인칭 대명사가 지시하는 대상도 끊임없이 변하는 오온다발이다. 그래서 비록 "나"라는 같은 단어가 사용되지만 시간이 흐름에 따라서 그것에 의해 지시되는 대상이 같은 오온다발일 수는 없다. 그래서 "나"는 무상한 오온다발을 그때그때마다 지시해 주는 편리한 지시어 또는 2차 지시어일 뿐이다. 그런데 한편으로는, 시간의 경과에 따라 많은 변화가 일어남에도 불구하고 이렇게 "나"라는 동일한 일인칭 대명사를 씀으로써 무상한 오온의 다발이 시간선상에서 인과적으로 (연기관계로) 서로 연결되어 있음을 보여주는 중요한 역할도 동시에 수행한다.

"나"라는 단어는 무상한 오온이 연기하는 과정에서 그때그때마다 이 오온다발을 편리하게 지시하는 역할을 하는 일인칭 대명사다. 이 대명사의 지시체에 해당하는 고정불변의 실체는 존재하지 않는다. 그래서 어제의 오온다발로서의 나와 오늘의 오온다발로서의 나는 같을 수가 없다. 그러나 그럼에도 불구하고 어제의 나와 오늘의 나는 그 지시대상인 오온다발들이 인과적/연기적으로 연결되어 있기 때문에 서로 완전히 별개인 것도 아니다.

비록 '나'라는 고정불변의 실체가 존재하지 않아서 '나'는 개념적 허구에 불과하지만, 이것은 참으로 쓸모가 많은 허구이다. 마지막으로 그 이유를 조금 더 살펴보겠다.

나의 존재와 관련된 진제와 속제

근본적으로 개인인격체로서의 나는 무상한 오온다발의 인과적 과정(causal series 또는 연기적 과정)일 뿐이다. 이것이 나의 존재에 관한 궁극적 진리, 즉 진제(眞諦, the ultimate truth)이다. 우리는 이 진리를 숙지하고 철저히 내면화시켜야만 깨달음과 열반을 성취할 수 있다. 이 궁극적 진리는 깊은 공부와 명상 속에서 음미하고 체득할 수 있는 것이지 평소 분주한 우리 삶 속에서 쉽게 얻을 수는 없다.

그런데 일상을 성공적으로 살기 위해서는 오히려 시간의 경과에도 불구하고 동일한 인격체(person)로 존재하는 나의 존재를 상정하는 편이 우리에게 실용적으로 유리하다. 오늘의 나와 내일의 나가 동일인물이 아니라면, 내일 새로 생겨날 다른 사람 좋으라고 굳이 오늘밤 피곤한 내가 이를 닦고 치실을 하며 샤워를 할 특별한 이유가 없겠다. 몇 년 후 졸업장을 받을 다른 사람을 위해 오늘 내가 놀지 않고 도서관에서 열심히 공부할 필요도 없다. 수십 년 후 은퇴할 다른 이를 위해 젊은 내가 왜 저축을 해야 할까. 이 모두는 우리의 삶을 진제의 관점에서 궁극적으로만 바라볼 때 야기되는 문제들이다. 그래서 시간의 흐름에도 불구하고 동일한 인격체로 지속하는 나의 존재를 상정하고 받아들이는 우리의 일상적 삶이 실은 우리의 생활을 실용적으로 더 성공적이도록 만들어 준다. 불교에서는 이렇게 행위를 성공으로 이끌어 주는 진리를 속제(俗諦, the conventional truth)라고 부른다.

깨달음과 열반으로 이끌어주는 진제의 관점에서는 내가 존재하지 않는다. 그러나 필자는 우리 일상의 삶을 성공적으로 이끌어주는 속제의 측면에서 보면 우리가 한 평생 80여 년 동안 동일한 인격체로서 지속하는 내가 존재한다고 받아들이는 편이 편리하다고 생각한다. 그래서 필자는 붓다의 무아의 가르침이 영원 불변불멸한 고정된 실체로서의 아뜨만이 존재하지 않는다는 점을 보여주지만(상주론 배격), 그렇다고 해서 속제로서의 동일 인격체의 지속적 존재마저 부정할 이유는 없다고 생각한다(단멸론 배격).

논의를 마치며

이 책은 불교철학서다. 불교와 다른 세계종교를 구별해 주는 가장 큰 특징은 불교가 신심信心으로만 따르는 체계가 아니라는 점이다. 불교는 그 가르침 하나하나를 이치를 따져가며 받아들이고 수행해야 깨달음에 이르는 종교다. 그래서 불교철학은 불교를 더욱 불교답게 한다. 나는 참선수행과 대중교화 및 자비행도 불법佛法에 대한 철학적 이해를 바탕으로 이루어져야 한다고 믿는다.

본고에서 다룬 연기와 공 그리고 무상과 무아의 네 가르침이 불법의 근본을 이룬다는 점에는 이론異論의 여지가 없겠다. 이 책은 현대철학으로 불법을 해석하고 논의했지만, 나는 여기서 채택한 방법론이 역사적으로 초기불교 및 초기대승불교와 크게 다르지 않다고 생각한다. 머지않은 미래에 붓다의 가르침에 대해 본고와 다른 견해를 가진 논자들과 토론의 기회를 가지기를 희망한다.

2020년 가을 미국 미네소타에서
홍창성 합장

지은이 **홍창성** Chang-Seong Hong

서울대학교 철학과 및 동대학원을 졸업하고, 미국 브라운대학교 대학원 철학과에서 철학박사 학위를 받았다.

현재 미국 미네소타주립대학교(Minnesota State University Moorhead) 철학과 교수로 재직 중이며, 형이상학과 심리철학 그리고 불교철학 분야의 논문을 영어 및 한글로 발표해 오고 있다.

유선경 교수와 함께 『생명과학과 불교는 어떻게 만나는가』(저술)와 『깨달음과 역사』(영역)를 펴냈고, 『통도사승가대학의 불교철학 강의』, 『미네소타주립대학 불교철학 강의』를 출판했다. 현재 *Buddhism for Thinkers*를 집필 중이며, 불교의 연기緣起 개념으로 동서양 형이상학을 재구성하는 연구를 진행하고 있다.

연기와 공 그리고 무상과 무아

초판 1쇄 발행 2020년 11월 20일 | 초판 4쇄 발행 2023년 7월 14일
지은이 홍창성 | 펴낸이 김시열
펴낸곳 도서출판 운주사

(02832) 서울시 성북구 동소문로 67-1 성심빌딩 3층
전화 (02) 926-8361 | 팩스 0505-115-8361
ISBN 978-89-5746-622-3 03220 값 12,000원
http://cafe.daum.net/unjubooks 〈다음카페: 도서출판 운주사〉